供应链管理专业协会（CSCMP）

[美]　　温迪·泰特（Wendy Tate）　　著

黄薇　译

供应链与采购管理

供应商管理、成本控制与绩效评估

人民邮电出版社

北京

图书在版编目（CIP）数据

供应链与采购管理：供应商管理、成本控制与绩效
评估／美国供应链管理专业协会（CSCMP），（美）温迪
·泰特（Wendy Tate）著；黄薇译. — 北京：人民邮
电出版社，2020.11（2024.4 重印）
ISBN 978-7-115-54662-3

Ⅰ．①供… Ⅱ．①美… ②温… ③黄… Ⅲ．①供应链
管理②采购管理 Ⅳ．①F25

中国版本图书馆CIP数据核字(2020)第166014号

版权声明

内 容 提 要

有效的采购可以通过降低成本、提高质量以及为内部和外部客户提供更好的服务，帮助企业形成持续的竞争优势。本书是规划、实施、评估和优化供应管理和采购流程的实用、完整指南。

全书阐述了当今重要的供应挑战和机遇，回顾了领先的战略和技术，可帮助读者在供应基础合理化、合同签订、合规性等方面做出更好的决策。通过阅读本书，读者可学习供应管理的关键流程和技术，了解全球采购的要求和挑战，并掌握供应管理内部绩效和外部绩效的评估方式。

本书内容集系统性、理论性、可操作性于一体，为读者提供全景化的视角、洞见和解决方案，关键内容均有案例、图表、小结等辅助读者理解。无论是采购人员，还是供应管理领域的从业人员，只要掌握这些概念、技术和方法等，并将它们应用到工作中，就能发现提高绩效的方法，这些方法将在未来改变采购管理的方式。

◆ 著　　[美] 供应链管理专业协会（CSCMP）
　　　　　温迪·泰特（Wendy Tate）
　译　　黄　薇
　责任编辑　马　霞
　责任印制　周昇亮

◆ 人民邮电出版社出版发行　　北京市丰台区成寿寺路 11 号
　邮编　100164　　电子邮件　315@ptpress.com.cn
　网址　https://www.ptpress.com.cn
　北京虎彩文化传播有限公司印刷

◆ 开本：700×1000　1/16
　印张：12.75　　　　　　　2020 年 11 月第 1 版
　字数：145 千字　　　　　2024 年 4 月北京第 7 次印刷
　著作权合同登记号　图字：01-2019-7558 号

定价：79.80 元
读者服务热线：(010)81055296　印装质量热线：(010)81055316
反盗版热线：(010)81055315
广告经营许可证：京东市监广登字 20170147 号

这本书献给众多为供应链管理专业协会做出贡献的思考者和领导者，也献给这个有着超过五十年历史的协会的前辈们。他们凭借学术美德，采取突出行动，明确了传统物流、现代物流和供应链管理三大领域的范围，并极大地推动了这些领域的发展。

关于作者

　　温迪·泰特（Wendy Tate）博士（亚利桑那州立大学，2006）是田纳西大学商学院的供应链管理副教授。她于 2006 年 8 月加入该学院。她为本科生和工商管理类硕士研究生（MBA）讲授与战略采购、制造和服务运营有关的课程。她对整个供应链的商业决策的成本影响很感兴趣。她在托莱多大学很活跃，并就职于许多委员会。她曾担任过五年的供应链管理专业协会（CSCMP）教员顾问，还在学术顶级期刊上发表过关于供应链管理的文章。她喜欢研究，并对将学术工作转化为课堂学习活动特别感兴趣。

　　她的研究集中在两个主要的商业问题上：一是服务采购，包括外包和离岸外包；二是商业环境实践，试图了解如何将新方案应用到供应链和供应网络中。她在许多不同的场合发表过演讲，包括学术会议和面向从业者的会议。

　　温迪有两个女儿，惠特尼（Whitney）和泰勒（Tayler），她们都是田纳西大学商学院的学生。温迪喜欢和她们待在一起。她还喜欢园艺、旅行、徒步和阅读。她经常参加文化和体育活动。她还参与过诺克斯维尔的扫盲项目，教不同类型的学生进行高效阅读，特别是教他们如何理解书面问题，从而帮助他们获得大学或技术学位。

推荐序一

从认识与操作两个层面去创新供应链

什么是供应链？根据 2012 年《物流术语》国家标准，"供应链是生产与流通过程中，为了将产品与服务交付给最终用户，由上游与下游企业共同建立的网链状组织"；在 2017 年国务院办公厅颁布的《关于积极推进供应链创新与应用的指导意见》中，"供应链是以客户需求为导向，以提高质量和效率为目标，以整合资源为手段，实现产品设计、采购、生产、销售、服务等全过程高效协同的组织形态"。这两种定义是一致的，从网链状组织到组织形态、商业模式和治理结构，定义有了提升。国外研究者对供应链的定义更多，但大同小异。

中国供应链的发展，我认为要从认识与操作两个层面去促进。毛主席在《实践论》中有一个精辟论断："感觉只解决现象问题，理论才解决本质问题。"他还引用别人一段话："理论若不和革命实践联系起来，就会变成无对象的理论，同样，实践若不以革命理论为指导，就会变成盲目的实践。"理论源于实践，又反作用于实践。不解决供应链的认识问题、理论问题，就会变成盲目的供应链实践。

对供应链的认识我认为主要是三个方面：一是供应链的本质是什么；二是供应链与物流是什么关系；三是供应链对推进国民经济发展以及经

济全球化起什么作用。

帕拉格·康纳（Parag Khanna）在《超级版图》一书中有句名言："供应链大战的目的不在于征服，而是要与世界上最重要的原材料、高科技和新兴市场建立起物理和经济上的联系。21 世纪，谁统治了供应链，谁就统治了世界。"2012 年，美国政府签发了《美国全球供应链国家安全战略》，把供应链上升为国家战略。2020 年，新冠肺炎疫情在全球蔓延，对世界经济发展造成巨大冲击，习总书记说："确保全球供应链开放、稳定、安全。"这些充分体现了供应链的地位与作用，这种体现企业、产业、城市、区域与国家竞争力的软实力无可替代。

如果说 2005 年美国物流管理协会（Council of Logistics Management，CLM）更名为供应链管理专业协会（Council of Supply Chain Management Professionals，CSCMP），标志着全球进入供应链管理时代，那么 2017 年国务院办公厅颁布的《关于积极推进供应链创新与应用的指导意见》，标志着中国进入了现代供应链新阶段。

2018 年，《财富》（Fortune）杂志公布的世界 500 强企业中，前 25 位有 5 家中国企业，前 100 位有 22 家中国企业，但由高德纳（Gartner）公司每年公布的全球供应链 25 强企业中，中国没有一家；在 100 强排名中，中国企业只有 3 家，即联想（第 26 位）、华为（第 35 位）、海尔（第 41 位）。在供应链管理领域，中国还有很大的进步空间，我们刚刚起步，必须奋起直追。

追赶需要落实，需要创新，实践就要提上议事日程。从国家层面，266 家供应链试点企业、55 座试点城市以及多个产业部门进行了积极探索，取得了阶段性成果。从市场层面，许多企业从实际出发，推进供应链的应用与创新，总结了不少典型模型。但从总体上讲，一些企业没有"上道"，过于浮躁，缺乏总体设想，片面地追求不切实际的目标。

供应链管理的理想模式是生产企业和物流企业形成长期、稳定的供应链伙伴关系，企业将物流作为生产能力的一部分。从原材料采购、生产制造、成本控制、交付到维修回收，企业采用一体化的供应链管理流程。标准的流程才可能降低总体供应链管理成本，提高投资回报率。目前国际上主流的供应链管理流程有 SCOR 模型、CSCMP 流程标准与全球供应链论坛提供的供应链流程。

CSCMP 作为全世界公认的物流和供应链领域内权威的专业协会之一，提出了《供应链管理流程标准》第 1 版和第 2 版，将供应链流程划分为计划、采购、制造、交付和回收 5 个基本结构。在 5 个基本结构的基础上，增加了一个执行的流程，总共 6 个部分。每个主要流程都包括了很多次级流程。

由人民邮电出版社出版的供应链系列图书，充分体现了这个标准流程的 6 个部分。这套丛书是国际供应链专家的经验之作，代表了当代供应链理论与实操的较高水平，对提升中国企业供应链管理水平将起到很好的作用。我们要特别感谢 CSCMP 中国圆桌会协助引进这套教材，要感谢所有参与翻译、审校的各位专家，他们付出了大量的心血。

中国经济正处于转型发展阶段，而企业是国民经济的"细胞"，没有企业的转型发展，特别是制造业的转型发展，就没有国家的转型发展。打造一个开放、稳定、高效、绿色、安全的弹性供应链，关系到国家的安全。

丁俊发

中国知名流通经济学家、资深物流与供应链专家

享受国务院特殊津贴

推荐序二

时代变革与供应链管理者的使命

从电商到新零售，从贸易摩擦到抗击新冠疫情，供应链管理正在走向舞台的中央——供应链管理者角色与使命从来没有像今天这么重要。当供应链管理上升为国家战略，当供应链管理成为新的职业，供应链管理者的时代已经来临。

如何成为好的供应链管理者？如何找到最佳知识源泉？哪一种知识体系最权威？你选择的路径决定你的出路——你不能走错路重来，否则那时候你会发现已经远远地落在别人后面了。CSCMP 参与组织引进的这套书，为你指引了方向。

过去 20 多年的时间里，我所做的一项重要工作，就是引入美国的供应链内容资源与知识体系。

几年前，我也曾在国内高校供应链课程建设研讨会上讲述美国的物流与供应链教育。

从 2000 年起，我坚持每年去美国参加全球物流年会。2005 年，美国的物流管理协会更名为供应链管理专业人员协会（简称"供应链管理专业协会"），标志着全球物流进入供应链时代。这件事大家可能已经听过很多次了。2004 年 9 月 24 日在北京举办的第五届中国国际物流高峰会上，我发表了"时代变革与物流的使命"主题演讲，在今天看来，我当年的观点仍然不过时。

2004 年发表演讲时，我已经知道 2005 年美国物流管理协会要更名。2005 年的全球物流年会是在美国加州的圣迭戈举办，主题为"追赶供应链浪潮"，讨论的核心是物流全面拓展到供应链管理领域。之后的事情可能大家都知道了。2006 年，CSCMP 推出《供应链管理流程标准》，2007 年清华大学出版社出版了由我牵头翻译、校对的中文版。到撰写这篇推荐序时，《供应链管理流程标准》第 2 版的中文版也即将付印出版了。这两版流程标准，成为供应链管理知识体系的核心。

中国进入供应链时代，是以 2017 年国务院办公厅颁布的《关于积极推进供应链创新与应用的指导意见》为标志的，这说明供应链已上升为国家战略。国家对供应链这一领域越来越重视，至今相继颁布了相应的文件来促进中国供应链快速发展，以达到国际水准。

任何行业的发展，都需要具有专业知识和技能的人来推动。2019 年 9 月 23 日，在美国洛杉矶安纳海姆举办的全球供应链峰会上，会长兼首席执行官瑞克·布拉斯根（Rick Blasgen）在开幕式上说，美国供应链就业人数 4,400 万人，占整个就业人口的 37%。可见供应链对整个美国经济的重要性。

在供应链上升为中国国家战略之后，供应链人才的供给已经远远跟不上需求的步伐了，供应链人才培养的问题也提上了日程。2020 年 2 月 25 日，人力资源和社会保障部、国家市场监督管理总局、国家统计局联合向社会发布了 16 个新职业，其中就包括供应链管理师这一职业。

无论你是现在准备进入供应链领域，还是已经在供应链某一垂直领域的岗位上，都需要选择一个合理的路径，采用科学的方法学习和进行职业训练，使自己能够快速地在供应链领域中成长，迅速达到国家职业标准，同时还要争取成为国际化的供应链管理者。

　　要成为国际化的供应链管理者，就要获得国际化的知识资源。一个人成功的速度，取决于学习的能力和速度。在知识爆炸的时代，在数字化时代，计算机这种"超级大脑"一秒钟就可以读几百万本书。但是，个人却不能快速地把需要的知识转化为自己的本领。所以，选择知识体系很重要。

　　今天，CSCMP 确实已经成为全球物流和供应链领域中最有影响力的组织之一。协会是全球供应链思想领袖汇聚的平台，处于定义产业、引领方向的地位。从协会给专业人员提供的支持和服务来看，CSCMP 的宗旨说明了一切：教育和连接全世界供应链管理者。《供应链管理流程标准》给出了包括计划、采购、制造、交付、回收（退货）、执行在内的 6 个部分的标准架构，但没有涉及各个部分的深入分析。人民邮电出版社出版的这套供应链丛书，覆盖了供应链管理中计划、采购、生产、运输等核心流程模块，也包含了丰富的全球企业案例，保证了内容的全面性和专业性。这套丛书，是美国注册供应链管理师 SCPro 项目配套的教材。这套丛书的引进，为中国的供应链管理者掌握国际化的知识体系提供了权威的工具。

　　CSCMP 会长兼首席执行官瑞克·布拉斯根在 2005 年就曾说过："这是一个成为供应链管理者的伟大时代。"

　　当你立志成为一个供应链管理者，那剩下的事就是如何发展你的事业，绽放你的人生。

知识获取需要平台，事业的发展也需要平台。CSCMP 实际上就是我获益最多的知识获取平台和事业发展平台。CSCMP 在全球 75 个国家和地区拥有 105 个圆桌分会，由 8,500 多名物流与供应链领域专业人员构成，其最具有代表性的活动是每年举办的全球峰会。峰会每年至少有三四千名来自全球的物流与供应链领域专家、学者以及企业高管参加，他们齐聚一堂，探讨和交流供应链前沿趋势。CSCMP 是知识源泉，也是信息源泉。CSCMP 的专业资讯平台包括供应链管理通信、供应链实时热点、物流年报、美国商业物流杂志等。我在自学的同时也会参加行业活动，包括沙龙、培训以及会议等，这样不仅可以提升我的人际交往能力和沟通能力，同时还可以拓展我的职业网络。

万丈高楼平地起，要想攀升到事业的巅峰，我们需要找到事业发展的阶梯。我希望这套丛书能给大家提供好的内容资源，且每个供应链管理者也都能利用好协会这个宝贵的资源平台。

人生路漫漫，通向成功的路不止一条。外国人说，条条大路通罗马；中国人说，条条大路通北京。成为供应链管理师的路可能不止一条。我相信知识溢出效应，在前人的基础上前行，总能加快我们的学习速度，提升我们的学习效率。

王国文　博士

中国（深圳）综合开发研究院物流与供应链管理研究所所长

CSCMP 中国首席代表

推荐语

当今很多制造企业都是在全球竞争的环境下进行采购的。因此，对采购的规则、流程、标准和人员提出了更高的要求。这本书由浅及深地阐释采购的前世今生、基本概念、关键要素、实施流程及未来发展趋势，为读者理解和应用采购流程、技术和方法提供了很有价值的指导。

曾江辉

中国航空综合技术研究所研究员

这本书是供应链管理和采购方面的经典之作。尽管供应链管理和采购正在进行数字化转型，但书中总结的建立高效、有效和可持续供应链管理的原则和战略，对供应链管理人员和研究学者来说还是有着重要的学习和参考价值。

唐隆基

中国数字化学会特聘终身顾问

罗戈研究副院长

寻源及采购是供应链管理中极为重要的环节。这本书从概念到体系，从流程到战略，从风险到合规，深入浅出地全面阐述了由理论至实践的采购管理过程，可作为指导采购与供应链管理专员规划、实施、评估持续改善的工具和操作指南。

王保华

原芬兰 ElcoteQ 集团、原海尔集团副总裁

中国物流学会常务理事

中国供应链发展正处于从"自发"走向"自觉"的阶段，从业者急需一套与实践紧密结合的系统性理论指导体系。CSCMP 基础级注册供应链管理师指定教材，构建了供应链管理的底层知识结构和方法，能够帮助供应链从业人员有效搭建全局性供应链知识应用框架，非常值得阅读和学习。

秦璐

北京交通大学物流工程系副主任

中物协（北京）物流工程设计院副院长

目录

02 供应管理的关键要素和流程以及它们之间的相互作用

03 建立高效、有效且可持续的供应管理运作的原则和战略

致谢

01

采购和供应管理中的基本概念

本章讨论了采购在企业和供应链运作中的作用和目标，描述了不同类型的支出和采购方法，并对关键术语进行了定义。供应管理是一项重要的业务功能，它对企业组织架构的顶层和底层都有很重要的作用。供应管理包括寻找、选择并高效管理与材料、设备和服务相关的供应商。这些供应商的能力是企业在创新和客户价值方面的重要资产。

学习目标

完成本章的学习后，你应该能够：

- 理解战术型采购和战略型供应管理间的差异与演变；
- 了解供应管理团队的宗旨和目标，以及它对盈利能力的影响；
- 明确采购职能部门和其他职能部门之间的关系；
- 明确供应管理中涉及的活动内容；
- 了解不同类别的采购支出。

采购的简介和历史发展

采购是所有企业都会涉及的基本环节之一。它是以符合法律和道德的方式从另一家企业那里获得商品、服务和设备的过程。采购最初仅是企业中的一种战术，重点会放到维持交易关系和获取低价格上（见表1-1）。然而，随着时间的推移，采购员和采购部门的角色发生了巨大的变化，如今采购已经转变成企业竞争性战略的一部分。

表 1-1　采购的历史发展

时期	状态
19 世纪 90 年代末	除了铁路行业,其他行业很少将采购当作一个独立的部门
20 世纪早期	采购主要涉及一些行政类工作
第一次和第二次世界大战期间	采购的重要性提高,因为获得原材料、服务和供应的重要性日渐凸显,需要靠采购来维持矿山和工厂的运作
20 世纪 50 年代和 60 年代	采购的地位不断提高,过程也更加完善,训练有素的专业人员增加。仍然将文员这一职能作为采购的一类岗位
20 世纪 60 年代末—70 年代初	引入了整合型材料体系,使材料成为战略规划的一部分,采购的重要性提高
20 世纪 70 年代	石油禁运和基本原材料短缺使各企业将注意力转向采购
20 世纪 80 年代	无库存制度的出现,强调库存控制和供应商质量、数量、时间和可靠性,使采购成为竞争性优势的基础
20 世纪 90 年代早期	采购的价值持续提升,节约成本成了流行词
20 世纪 90 年代末	采购演变为战略型采购,合同时间更长,企业开始注重供应商关系的建立和管理
21 世纪	采购的关注点从成本扩展到了更多方面。采购被广泛应用于支出分析、低成本型国家采购、演化的各类采购技术（企业资源规划、电子采购）、新演化出来的采购外包（点对点）、总持有成本、数据挖掘和基准,以及精益型采购

全球化的进程,使企业要改善其内部流程(如供应管理)才能实现成功。市场竞争扩大到了国内外市场。采购者不再仅关注"最低价格",而是共享信息并进行协作,与供应商讨论总成本、生命周期成本和成本削减等问题。这使采购者将关注点放在了流程改进上,而不是短期的关系和降价上。

采购的主要目标是在正确的时间，以正确的数量和正确的价格采购正确的产品或服务。由于市场上竞争者数量的不断增加，客户的经验也日益丰富，这使得采购团队需要获得更高质量的产品，实现更快的交付，并以尽可能低的总成本获得定制化的产品和服务。由于技术和社交媒体在商业环境中的应用不断增加，客户需求的提出速度甚至比企业的响应速度更快。供应链成员之间的信息和数据流动不断增加，这为企业不断满足客户多变的需求带来了新的挑战。

在正确的时间、地点，以合适的成本为客户提供满足其需求的产品，对企业来说是一种全新的挑战。但新兴技术和改进后的物流网络，也为企业带来了新的机会，这种扩大的、面向全球的供应商网络也更好地促进了企业间的竞争。在新兴国家，低成本劳动力和其他替代性资源导致出现了一种前所未有的转变——外包和离岸外包（第 5 章进一步讨论）的形式诞生了，这两种形式给美国的制造业和服务业带来了更多的挑战。服务业增加值现在约占美国国内生产总值（GDP）的 70%，这使得供应管理在该行业也可以获得更多的机会（见表 1-2）。制造业的绝大多数材料是从公司外部采购的，因此，供应管理的重要性和复杂性都有所增加。

表 1-2　美国 GDP 和服务业增加值（百万美元）

	2008	2009	2010	2011	2012
美国 GDP	14,291,543.00	13,973,681.00	14,498,922.00	15,074,667.00	15,684,764.00
服务业增加值	9,715,905.00	9,609,550.00	9,968,918.00	10,357,395.00	10,778,324.00
服务业增加值占美国 GDP 百分比	68.0%	68.8%	68.8%	68.7%	68.7%

举例说明：找到合适的供应商

采购者必须为自己的产品和服务找到合适的供应商。关键的问题不是供应商的地理位置，因为世界各地有很多的供应商，关键在于要确保这些供应商能够满足采购者的业务需求。随着时间的推移，这些业务需求发生了显著的变化，采购者不得不调整他们的选择过程，从而适应那些通常很难进行评估的标准。例如，有的服装制造商缺少消防通道门（一种安全设施），导致许多员工死亡。一些公司可能会与某些"贿赂"了相关负责人的区域供应商签订合同，这些区域供应商想通过额外支付负责人一笔钱来获得生产公司产品的资格。在许多情况下，盗取知识产权（IP）的问题会导致公司在选择供应商时，将某些地区的供应商全部排除在外。市面上还报道过许多其他与企业选错供应商有关的案例，主要原因还是供应商的质量很难评估。采购者必须知道自己要的是什么，并且必须了解供应商可能存在的困难。

所有这些变化和挑战都会将供应管理推到战略决策的前沿。对提供材料和服务的供应商进行适当管理，已成为管理人员的一项重要工作。每天都有很多企业因为供应商的不当行为或不良表现而遭到负面评论。如今，不同的供应链企业之间的竞争越来越激烈。那些配置了较好的供应链、拥有高效的供应商群体的企业将成为市场的赢家，并拥有竞争优势。

为什么采购很重要

从历史上看，采购在"获得尽可能低的价格"中起着关键作用。但是低价往往需要牺牲与供应商的良好关系和产品质量。随着时间的推移，采购逐渐演变成一种节省费用的职能，这种职能不仅可以节省成本，而且可以增进与供应商之间的关系和合作。节约成本往往是通过流程改进、产品改进或供应商开发来实现的。

今天，我们普遍认为采购对企业的利润有不可忽视的影响。它对与利润有关的两个方面——销售和成本会产生直接影响。采购渐渐成为企业的核心竞争力，它负责寻找和发展供应商，并为企业带来关于产品和服务的很多重要专业知识。一般来说，采购支出占公司销售收入的50%以上，用于采购材料和服务的支出多于其他费用，而且在服务方面的开支正在迅速增加。通常，材料成本是所有劳动力成本的2.5倍，几乎是劳动力成本与运营企业的所有其他费用总和的1.5倍。在服务业中，在营销和广告、法律、信息技术、物流、临时劳工等方面会花费数百万美元。虽然服务业的采购与典型的材料采购有所不同，但对于大多数企业来说，在采购方面节省资金是很有意义的。

图1-1显示了供应管理如何提高销量并降低成本。净收益和投资回报率（Return on Investment，ROI）对股东价值有重要影响。供应管理对成本会产生影响，这一点很容易理解，因为降低成本通常被认为是"采购部门的工作"。采购部门与内部客户合作，帮助改善内部流程，降低成本。采购部门也与供应商合作，从而改善流程，寻找替代材料，并研究不同的采购地点或运输方式。改善成本是采购专业人员的核心能力。

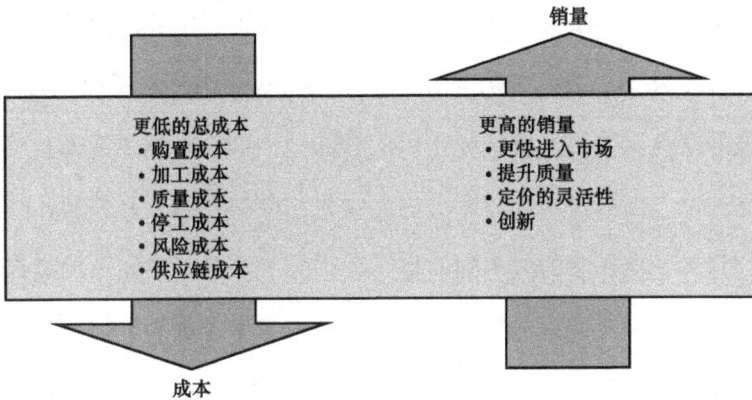

图 1-1　供应管理对成本和销量的影响

　　然而，也有许多可以帮助企业提高市场份额的机会。例如，与合适的供应商建立良好的关系，可以让供应商尽早参与新产品的开发，这样供应商可以为产品的实际发布提前做好准备，如果可能，供应商还能提出一些改进方向，从而让产品发布更容易，成本也更低。例如，1998年，本田雅阁（Honda Accord）的供应商参与了产品开发过程，并为产品设计提供了实际帮助。供应商的这些参与既包括物质方面的支持，又包括过程的参与。这种让供应商介入早期产品开发阶段的方式，帮助企业节省了超过 20% 的生产成本。在铸造行业中，供应商参与早期产品开发，可以节省时间和成本，并提高零件质量。在这个行业中，由于供应商在企业提出需求之前就知道企业需要什么，所以报价请求（Request for Quote，RFQ）大大减少了。

　　读者将在本书的介绍中慢慢理解以上内容。对于企业来说，供应商群体是获得创新机会的来源，企业需要培养供应管理人员拥有识别这些机会的能力。拥有适当的供应商群体并与供应商保持良好关系，就像有成千上万的人在共同思考一些伟大的想法。有一句关于供应商和供应商群体的格言，是由戴夫·纳尔逊（Dave Nelson）提出的，他是一位曾在本田汽车公司（Honda）、美国迪尔公司（John Deere）和德尔福公司（Delphi）工作过的出色采购员，被认为是供应链的"大师"。纳尔逊说："如果你和你的供应商群体可以建立良好的关系，你就会有1万个额外的大脑来帮你思考如何在节约成本的前提下改进你的产品。"如果供应管理人员能够利用好供应商群体的力量，那么也就意味着他们手中能掌握更多的权力。

如何利用与供应商之间的良好关系创造价值

采购可以利用其与供应商间的关系在许多方面帮助企业提升价值。这一功能可以通过与供应商建立良好的关系来实现，从而使企业获得更多的竞争优势。

建立关系并推动创新

采购对企业的成功影响重大，传统的讨价还价模式已经转变为关系导向的模式。这意味着采购需要与供应商建立牢固的关系，从而降低产品或服务的成本。这可能会体现在产品的材料变更、供应商设施的工艺变更、原材料的变更或运输中潜在的流程变更中。

买方和卖方共同努力才能使利益最大化。企业对供应商的期望在不断变化。例如，根据不同供应商的能力，企业通常会让供应商提供一些创新的想法，如改进流程或降低成本，以不断增加企业产品和服务的价值。

买方企业一直在全球范围内寻找并吸引更好的供应商，维持自己与供应商之间良好的关系。

> **举例说明：供应商推动创新**
>
> 一家家具制造商的供应商发现了可以减少浪费并节省材料成本的方法。这一方法主要涉及的物料是用于切割的锯片。供应商建议制造商将锯片宽度减少1/16。这一改变减少了每次切割产生的废料（锯末）。考虑到每年原始木材的砍伐量是巨大的，这个小小的改变还可以在很多其他方面节省成本。这家供应商还开发了一些废料的其他用途。一些碎料可以通过某种系统被送到碎料板制造商那里，利用该系统，这些碎料可以从切割线直接运输到有轨电车中。其他小块的木头基本上是用胶水粘在一起的，然后一起打包出售。在曾经的一段时期内，这家家具制造商的整个家具系列产品都是用这种木材废料制作的。

提高质量和声誉

企业关注的是供应商的核心能力及其专业领域。材料和服务的外包需求与日俱增，企业开始寻找可以和企业互补的、具有核心竞争力的供应商。采购、供应商和质量之间的关系越来越重要了。这些重要的关系已经跨越了不同层级的供应商，供应商质量管理的失误将会损害企业的声誉。较高的供应商质量水平有助于提高企业的市场占有率并增加销售额。

> **举例说明：质量与声誉**
>
> 2013年发生了几起涉及动物食品的召回事件。饲料生产商主动召回了部分钙和磷含量过高的家禽饲料。食用这种饲料的家禽会中毒，甚至死亡。家禽养殖户获得了一些关于如何处理该问题的建议，但对有些养殖户来说，由此产生的费用和库存损失是非常高的。
>
> 2013年8月，爱慕思（Iams）和优卡（Eukanuba）品牌的狗粮和猫粮也被召回。这些食品被召回的主要原因是其对食用它的宠物和处理这些食品的人都存在潜在的危害。宠物主人们对此表示担忧，尤其是那些几年前经历过因相似问题导致宠物大量死亡的人们。这些食物可能是被沙门氏菌污染了。

缩短产品上市的时间

市场调查显示，第一家成功推出新产品的企业，将在后续竞争环境中占有更多的市场份额。所以，第一个进入市场的企业可以赢得大部分的市场份额。通过跨职能参与产品和服务开发，采购可以在缩短产品上市时间方面起到关键作用。正如前文提到的，在许多情况下，采购需要精心挑选供应商。

采购作为供应商和工程师之间的联络人，在产品上市后需要尽量减少工程变更。此外，采购也可以推荐使用一些标准部件或替代材料，从而帮助改进产品和工艺设计。供应商是否满足需求，影响着企业的新产品能否成功上市，因此供应商必须是准备好的、愿意并能够协助新产品生产的。开发与管理能力强、反应迅速的供应商，对于迅速将产品推向市场以及应对不断增长或波动的需求至关重要。

> **举例说明：供应商的早期参与**
>
> 那些在产品生命周期的早期阶段（如设计初期）让供应商参与的公司，可以将产品开发成本降低18%，并将产品投放市场的时间周期缩短10%～20%。一流的公司明白供应商在产品上市的过程中起着关键作用。据估计，80%的产品成本在产品设计结束时就确定了。出于这方面的考虑，公司应尽早做出正确的采购决策。
>
> 供应商可以影响与产品功能、产品结构、成本结构以及客户需求相关的系统技术。为了了解产品成本并确保生产过程的灵活性，苹果公司引人注目的 iPod 产品，就是一个与供应商交互的成功战略案例。iPod 改变了竞争格局中的一个方面，就是它与 iTunes 结合了起来，并与提供音乐的娱乐公司合作。这种硬件、软件和内容的组合，形成了一条独特的价值链。这种供应关系不仅可以确保用户内容的可用性，还可以促进硬盘驱动器和闪存等物品的战略性采购。
>
> 其他与供应商关系管理密切相关的成功案例包括：IBM 及其集成的产品和开发流程；宝洁公司的内部联系与发展战略；还有戴尔，它已经成为供应链管理的典范。

降低总持有成本和生命周期成本

总持有成本（Total Cost of Ownership，TCO）包括获取、持有或处理

一项材料、设备或服务的所有成本，以及持有后产生的成本。其中包括危险废物和其他工业废物的处理，以及因产品质量低劣（如产品或服务中包含有问题的材料）导致的声誉受损，进而产生的销售损失成本。采购可以影响许多方面的成本，包括在选择供应商阶段涉及的产品设计、采购等风险成本。采购还会影响周期时间、转换率、供应链成本，甚至持有后的成本。

　　与供应商（或潜在供应商）合作，并认识与总持有成本有关的因素，对谈判过程很有利。通常有很多方法可以减少总持有成本中的大部分项目。此外，采购对减少产品在生命周期中对环境的影响也有着重要的战略性作用。这些都有助于企业满足日益增长的需求，也有助于企业在消费者面前建立良好的品牌形象和声誉。

举例说明：采购有助于减少碳排放量

　　节约资金、减少整个供应链的碳排放量都是采购的责任。采购有很多方式可以协助减少碳排放量。首先需要了解是什么产生了碳排放。这需要从供应商的内部和外部收集数据，通常也是最具挑战性的一步，许多企业也会获取很多相关专业信息，如碳信息披露项目（Carbon Disclosure Project，CDP）。CDP 的调查结果显示，世界上 10% 的大公司产生了 73% 的温室气体。

　　收集数据后，下一步是研究温室气体产生的主要驱动因素，并衡量产品生命周期中碳排放带来的成本和影响。目前有一些正在发展的技术，可以协助采购更容易地完成这项任务。英国碳基金会（The Carbon Trust）就是一个可以协助采购衡量碳排放带来的成本

和影响的机构。由沃尔玛（Wal Mart）创立的可持续发展联盟（The Sustainability Consortium，TSC），也是一个可以为企业测量碳排放量的机构。

　　驱动温室气体产生的因素有很多，其中两个主要的因素是运输（包括运输距离和运输方式）以及客户对产品的使用。采购可以通过考虑供应商的位置、产品中的材料以及产品的包装，来改善这两个因素。如果一个物品需要被退回，这样做的成本是多少？产品的设计是否便于组装和拆卸？从劳动力成本较低的地区采购，但要额外支付增加的运输成本并且增加了碳排放，这是否有意义？这些都是需要权衡的因素（具体将在后面的章节中讨论）。

最关键的就是要向供应商传达与环境保护有关的目标，以确保它们关注其产品和服务的能源性能和环境性能。可以将评价能源性能和环境性能的指标纳入供应商计分卡，来实现这一目标。采购可以在许多方面降低总持有成本、生命周期成本和碳排放量。

采购与供应管理及 ROI 间的关系

　　采购省下来的每一美元，对企业来说都相当于一美元的收入。由于采购支出占大多数企业销售收入的一半以上，因此采购对企业利润的贡献就显得尤为重要。图 1-2 是成本节约与 ROI 之间的关系。这个模型通常被称为杜邦模型，在很多情况下，可以用它来说明节约成本对 ROI 的影响比销售增长对 ROI 的影响更大，也可以用它来说明节约成本要比增加市场份额更加容易。如果企业有训练有素和熟练的采购，节约成本将比大幅度增加市场份额容易得多。如前所述，采购可以影响企业组织架构的顶层和底层。而采购对成本降低和销售增长的影响会对股东价值产生显著影响。

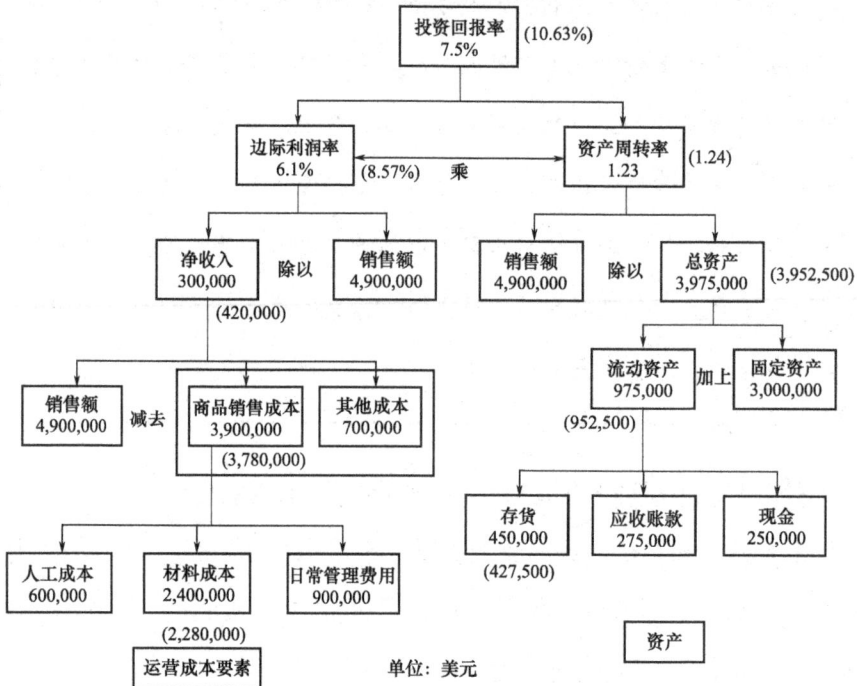

图 1-2　成本节约与 ROI 之间的关系

图 1-2 显示了材料成本下降 5%（即 12 万美元）时的情况。括号中的数字是降低成本后的数据。在这种情况下，库存的产品价值也下降了5%，但这并不符合标准的会计规则，我们假设当以降低后的材料成本收到产品时，库存的价值为零。在这种情况下，节省下来的 12 万美元的成本将使 ROI 提高 3% 以上。这是一个有价值的例子，展示了供应管理在提高利益相关者价值方面的战略作用。

采购在业务中的作用

采购是各类企业都有的基本职能之一。采购的工作包括协调并整合以下列出的 6 项职能，这些都是 20 世纪 90 年代末就一直在使用的供应链基本计划、来源、制造和交付模式。

1. 创建。产生想法或设计的职能。

2. 财务。资本获取、财务规划和控制的职能。

3. 人事。人力资源和劳务关系的职能。

4. 供应。获取所需材料、服务和设备的职能。

5. 转换。将材料转化为经济商品和服务的职能。

6. 分销。针对商品和服务进行营销和销售的职能。

企业中各个部门分别负责执行这 6 项职能。例如，研究部和设计部通常负责工程职能，很可能涉及创建这一职能。财务部和会计部通常管理进出公司的财务资源。采购部负责供应，但也涉及其他职能，如采购广告服务过程中的营销职能。

供应管理与负责主要职能的不同部门间有许多相互作用。图 1-3 展示了采购与企业内其他职能部门间的相互作用，以及涉及的一些具体活动内容。这些内部组织代表了许多采购部的客户。采购在企业内和企业间都有着广泛的作用。

企业中还存在许多图 1-3 没有涉及的其他领域，当然还有很多其他各职能间相互作用所涉及的活动。大多数活动都会在本书中进行讨论。这里简要讨论一些各职能间的相互作用。

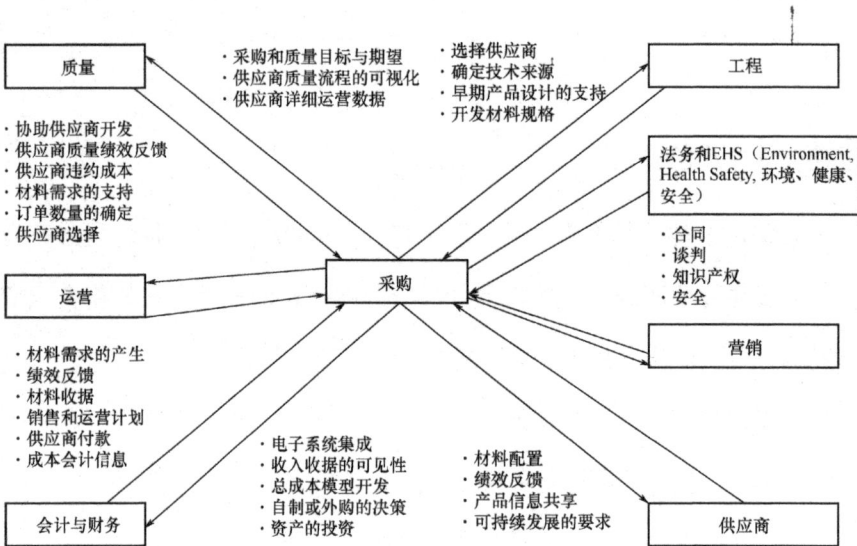

图 1-3　采购与企业内其他职能部门间的关系和活动

采购和工程

与质量、材料、制造和生产相关的产品成本与设计规格有关。规格说明，可能会增加或减少愿意提供特定产品的公司数量。采购和工程之间可能会存在冲突，因为工程试图设计出"理想"的产品或服务，而不会考虑成本或资源的可用性。

通常，采购和工程之间会因绩效指标不同而产生冲突，而且很多时候这种冲突并不容易解决。然而，在最初的设计与工程讨论的过程中就让采购参与，可能会产生更好的讨论结果。采购可以为工程提供的另一项服务，就是可以帮助其使用一种"类似组件"，这样就不需要为不同的产品线专门开发已经采购的组件。采购可以帮助企业减少最小存货单位（Stock Keeping Unit，SKU）增加的情况，SKU 增加是许多企业中常见的一种问题。

有一个例子可以很好地说明采购和工程之间的关系。有一家全球电子产品制造商，它将托盘尺寸的规格提供给了供应商，但供应商并没有遵循规格，而是根据不同条件使用了多种尺寸的托盘进行运输。采购者要求供应商对托盘尺寸和质量负责，并将每一个没有按照要求进行发货的情况都归为供应商的问题。标准化后，货损明显降低，每辆车的货运量明显增加。这一项目给包装、减少废料、改进集装箱和卡车空间利用等方面带来了许多改善。

一家做美容的公司正在向数百个国家提供产品，不同国家有不同的语言和标签要求。例如，该公司为自己的一款产品采购了一个常用的瓶子，随后贴上供应商的标签，再分别发货。这就会导致出现 SKU 增加的问题，公司的库存也会增加。不同地区的消费者的偏好不同，在一个地区受欢迎的产品，可能在另一个地区就不那么受欢迎了。采购者需要和工程师、供应商合作，决定瓶子要贴上哪些标签。标准尺寸瓶子的数量显著增加，瓶子的价格下降，只有在知道客户（或地区）的特定需求时才添加标签。

采购和生产制造

采购在收货方面的时效性和数量往往会使采购和生产制造之间的关系变得紧张。此外，在战略上对需求的不合理规划将会导致牛鞭效应（这一点会在采购和营销的相互作用中讨论）。采购需要足够的时间来评估供应商、提升竞争力、谈判，并减少特殊生产或溢价运输的可能性。

采购和生产制造之间的相互作用经常会出现问题，主要是由于预测能力差，进而使得生产计划能力也相对较差。在销售和运营计划中将业务需求和供应端整合，有助于改善二者间的关系和最终结果。此外，在新产品设计的早期阶段进行调节有助于缓解这种冲突。开发新产品的会议通常是跨职能的，企业中的许多成员都会参与。

有很多采购案例都是通过材料标准化、组件标准化并在采购前简单回顾材料规格，从而帮企业节省了大量的时间。而且在某些情况下，为备选材料支付更多的费用也是有意义的（只要这样做可行），从长远来看这种做法依然可以节省生产成本。

采购需要与供应商合作，来提高供应商的能力并缩短其响应时间，从而使企业的产品能够更快上市，并且减少由于转换、设置工具和生产线所耗费的时间。生产制造的目标是让产品更快上市，并且减少运营成本、不必要的安装时间和浪费。生产制造还经常需要负责控制库存成本，通过控制库存水平来获得更高的利益。关闭一条生产线的代价极其高昂。有报道称，由于某工厂停产一天成本超过100万美元（这一数字来自开给供应商的发票），所以停产的工厂会直接将各零件用直升机运往另一家制造厂，以此避免由于关闭生产线而产生的成本。还有许多这类故事，采购者需要将部件以最快的速度发给客户，以避免因工厂关闭造成极大损失。采购者不得不寻找其他供应商来应急，这种时候往往要支付高得多的成本，以避免工厂关闭。

采购和营销

许多营销部门在广告和促销上会花大量的预算。这通常有助于销量的提高。但关键问题是销售和市场活动往往与供应和生产活动没有联系。客户通常不会相互交流促销信息，这也造成了很多供应链问题。

斯坦福大学的李效良（Haul Lee）教授创造了"牛鞭效应"这一术语。牛鞭效应，就是说即便在供应链的客户端需求变化很小，但随着信息流从客户端向生产商端传递，需求变化的波动会越来越大。牛鞭效应现象如图1-4所示。

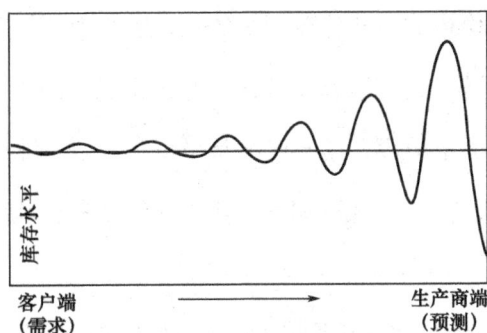

图1-4 牛鞭效应现象

牛鞭效应的产生主要有四个原因，其中大部分原因都来自供应链的下游。由于需求规划和预测的波动问题，供应链上游往往会对库存进行过度补偿。

1. 需求预测的更新。这里的问题是，当供应链中的各个实体对需求进行预测更新时（包括对安全库存的预测），往往会在其他实体的预测基础上再留有一定的缓冲，并使自己的库存得到补充。一家汽车公司在预测方面遇到了很大的困难，销售、营销、运营、采购及其供应链之间的关系非常紧张。供应链上没有一个实体愿意相信其他实体预测的准确性。这导致的结果就是，每个阶段的负责人可能会将预测（或计划）的量再提高10%。也就是说，如果一个人说他需要100，下一个人会在这个数量的基础上再加 10，以此类推。这一过程从供应链的原材料部门开始逐渐向下游渗透，最终供应链中所有环节的库存都增加了，包括成品、在制品和原材料。供应商需要加快材料的供应，而整个供应链运作效率却非常低下。

2. 批量订单。一些公司经常批量下订单。有时是为了减少对订单的管理，有时是为了摸清制造商的生产时间表。在这种情况下，供应商面对的订单量是不稳定的，会出现频繁的加量和加急情况，因为客户通常不想等待批量运送。这一情况在家具行业很常见，因为在该行业中，制造业的转型管理成本很高。这些产品是批量生产的，分配订单给客户也有一套标准的分配方式。客户知道，如果他们超额订购，他们可能会收到更多的产品。

3. 价格波动。特殊促销或价格折扣会导致客户大量采购和囤积货物。当价格上涨时，他们停止采购，原本的消费模式会被破坏。零售商提供许多价格折扣和促销活动，来促进市场需求的产生。但是这些促销活动创造的需求实际上很快就会消失，因为消费者会在价格较低时囤货。一个有趣的故事是关于一个家庭批量采购花生酱的。如果有促销活动，而且价格比平时更低，这家人就会买一整箱花生酱。有一次，某品牌某批次的花生酱出现了沙门氏菌感染的问题。这家人采购的这些花生酱恰好来自该品牌该批次。所有的花生酱都被召回并退给厂家。这些需求模式的波动都会对供应链造成严重破坏。此外，预测者可能会继续使用这些需求模式来预测未来的需求，而这也会使问题进入恶性循环。

4. 定量供应和短缺。当供应不足时，制造商可以定量供应其产品。但客户为了获得更多产品，通常会通过超额订购来误导系统对需求的预测反应。通常，那些拥有较大需求的客户会试图保证自己手中的产品数量是足够的，所以他们通常会提前很久下单非常多的数量。当需求明确以后，就会变为根据实际需求变化下订单。然而，由于已经订购，劳动力已经安排好，主要生产力已经集中在一种产品上，但实际上这时候应该开始生产另一种产品了。

如今，所有这些造成牛鞭效应的问题仍然存在，对扩展的供应链可能会产生更大的影响。这距离最开始发现这些问题已经十几年了。在整个供应链中，特别是从销售和市场营销部门到制造和采购部门，针对销售预测的变化和预期的需求变化进行及时、频繁的沟通是非常必要的。信息共享是降低供应链牛鞭效应影响的关键。

现在，采购和营销之间渐渐产生了一种新的相互作用——将采购过程应用于营销和广告服务中。采购者不会干预这些广告和营销服务的设计，但会确保合同得以遵守，并会直接参与谈判过程。

采购和财务

财务通常是采购最好的朋友和最大的支持者。因为采购会试图找到省钱的方法、与供应商群体合作来确保合同得以遵守、减少超额计费和少计运费的情况。采购者参与财务管理的原因有很多。

糟糕的财务规划和执行是大多数业务失败的主要原因。采购负责管理企业内部大量可用的财务资源。经济条件和企业的财务资源之间存在着一种微妙的平衡。在某些情况下，企业可以将财务资源分配给预购，从而避免价格上涨。然而，这是一个需要谨慎做出的决定。在许多情况下，采购者可能认为预购有意义，但随后价格下跌，采购者就相当于用高价囤了一批库存。

财务人员也需要及时向供应商付款。延迟支付会严重影响买方与供应商间的关系，并可能会影响未来的定价。延迟向供应商付款是增加现金储备的一种方式，然而，供应商会要求买方及时付款从而获得自己需要的资源。

在后面的章节中会提到，对一些关键供应链指标进行内部和外部财务分析，有助于制定战略并降低风险。例如，查看供应商的现金流，就可以知道它们是否能够有效地管理付款和收款；查看供应商的收益变化与成本变化，就可以知道供应商是否能够有效地使用资源。在企业中也可以用这些标准进行判断。密切关注应付账款和应收账款的周转天数，可以帮助企业减少意外的发生。

如前所述，供应管理对 ROI 有很大的影响。高效的采购可以大大减少所需的资金，而节省下来的资金就可以用来经营公司。采购支出的时间和数额，会对公司的财务比率产生重大影响。

采购与信息技术

在本小节中，我们将讨论如何利用技术改进采购业务。流行的社交网站和其他开源程序，有时会为企业跟上市场变化带来很多新的挑战。信息技术（Information Technology，IT）可以帮助采购简化流程、增加信息、获得必要的数据访问。

许多公司从艾利芭（Arriba）、第一商务（Commerce One）和仁科（PeopleSoft）等公司采购企业对企业（Business to Business，B2B）电子商务买方软件系统。这些系统有助于简化采购流程，促进内部和外部的沟通。

很多这类系统还包含数据库技术，可以为供应管理的战略规划和战术活动提供及时、准确的信息输入。第4章讨论了电子采购工具的类型和趋势。随着越来越多的技术可以帮助企业更便捷地采购产品和服务，采购与信息技术之间的关系也在不断变化。

采购与物流

物流是指企业货物移动的过程，这一过程有时是向内的，有时是向外的。通常，物流只控制货物的出库。物流专业人员负责设计并管理企业的配送系统，包括仓库、配送点和货运公司。在一些企业中，采购在物流服务的来源和定价中起着主导作用。在另一些企业中，物流部门执行这些服务时很少或根本不会涉及供应管理。

一般来说，采购与物流的角色间是没有联系的。这主要是因为仓库管理和运输管理系统通常与电子采购工具没有联系。此外，运输主要是在工厂或设施中进行的，而采购通常是在企业中进行的。运输行业的价格波动也很大，这需要很多不同类型的技能来管理和评估供应商的业绩。

采购与物流之间的联系主要就是，无论谁做采购，都需要进行专业的采购项目实践。这在合作和节约成本方面越来越重要。许多企业已经把目光放在改善自身的运输方面上，如前所述，企业在努力减少运输方面的碳排放量。

采购与法律

在谈判和合同制定的过程中经常需要法律专业人士，他们负责审查和批准专业采购人员制定的合同。然而，他们与企业的供应商往往很少有合作。

与物流一样，这些组织内部关系会随着服务开支的不同而有所不同，这会在下面的举例中详细说明。这种差异通常是由服务的预算所有权造成的。例如，市场营销和广告费用通常由市场营销部门承担。采购通常不会或很少涉及开支问题，但其造成的开支可能是企业整体支出的重要组成部分。

举例说明：与法律开支有关的组织内部关系

在后面的章节中，我们将讨论商品细分的概念。然而，在这种情况下，采购者增加由法律开支带来的价值的方式是，将法律开支视为包含许多不同采购类型的一种开支。例如，法律开支包括诉讼和庭审报告。收集相关资料证据并使其满足法律的要求，通常需要一定的成本。采购部门设法获得很多收集相关资料证据的服务，也意识到了它们就像商品一样，有很大的降低成本的机会。

例如，在庭审报告方面，律师事务所（供应商）使用不同的团队来提供这项服务。其中包括谁可以在指定的日期、时间和地理位置使用该项服务。律师事务所负责雇用法庭记录员，然后将这一成本计入买方的成本中（在原价上额外附加的成本价格）。

采购对庭审报告做了一些研究，发现有大量的大型供应商可以提供这项服务。采购会为庭审报告公司提供一些供应商，以此来获得更低的价格。企业与庭审报告公司的关系是通过采购来建立的。改进这一法律过程有助于采购组织获得成功，并为其提供更多参与法律领域的机会。

采购过程

采购是一个高度复杂的过程，传统观念认为采购的主要作用是根据企业内部需要来获取商品和服务，但如今采购的目标已经远远超出了这种传统的观念。采购的总体目标主要可以分为五个部分：供应持续性、有效地管理采购过程、管理供应商群体、与内部利益相关者确定一致的目标，以及制定可以支持企业目标的综合采购战略。

战略型采购计划的制订需要基于这样一种认识，即战术型采购无法产生一个可以带来合作关系和战略联盟利益的供应商群体。战略型采购过程的基本步骤如下。

1. 寻找潜在供应商。

2. 评估潜在供应商。

3. 选择供应商。

4. 开发供应商。

5. 管理供应商。

寻找潜在供应商

随着互联网的发展，企业寻找合格供应商的能力也呈指数级增长。然而，企业不应忽视其他可获得的信息来源，从而确保供应商群体是由合适的供应商组成的，可以涵盖国内供应商、近岸供应商和离岸供应商。以下是制作可靠的潜在供应商名单时可以使用的资源清单。

1. 供应商网站。

2. 供应商信息文件。

3. 供应商目录。

4. 商业登记册及名录。

5. 行业刊物。

6. 电话簿。

7. 邮件广告。

8. 销售人员。

9. 贸易展会。

10. 公司员工。

11. 其他供应管理部门。

12. 专业组织。

在确定潜在供应商名单时需要考虑的其他战略性问题如下。

1. 公司中与单项或多项采购有关的不同政策。

2. 关于买方在供应商产能中所占份额的公司政策。

3. 与获得环境、健康和安全（EHS）资格或认证的供应商相关的公司政策。

评估潜在供应商

在列出一份完整的潜在供应商名单后，供应管理人员的下一步行动是对每家供应商进行单独评估。评估的类型因所购物品的性质、关键程度、复杂性和价值而异。1983 年，彼得·卡拉杰克（Peter Kraljic）设计了一个矩阵，可以根据前面提到的采购项目的重要程度和供应市场的复杂性来描述企业与供应商间的关系类型。图 1-5 是这个矩阵的改编版本。

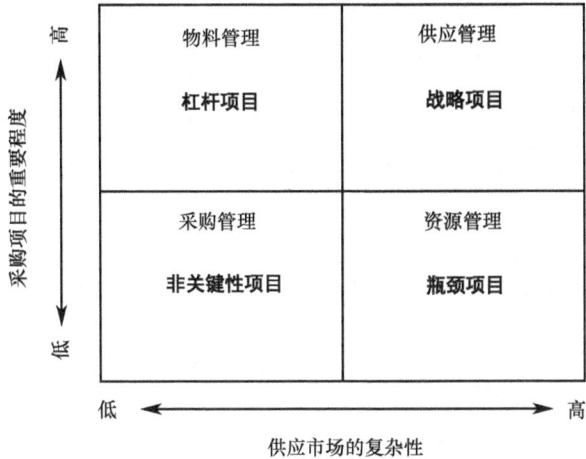

图 1-5 卡拉杰克矩阵的改编版本

这一步是战略型采购过程中的关键，因为供应商关系管理与供应商绩效、风险管理、品牌和形象之间有直接的关系。采购与供应商的关系取决于矩阵中商品的分类。纵轴表示的是采购项目对买方企业的重要性，通常用总开支来评估。然而，它可能是非常重要的一个方面，因为如果找不到符合要求的采购项目，产品或服务的相关流程就无法进行下去。横轴表示的是供应市场的复杂性，由可用供应商的数量决定。可用供应商的数量越少，采购就越复杂。该矩阵被专业采购人员广泛使用，这部分内容将在第 2、3 和 4 章进行更深入的讨论。

许多复杂性低、价值低的项目只需要一个粗略的评估过程，因为它对企业来说重要性和风险都很低。在这种情况下，采购者的主要任务就是用尽可能低的价格进行采购。关键都是为了简化采购流程。为这类项目寻找供应商可能包括查看供应商网站或查看 Mergent OnLine 等商业数据库,来收集供应商的相关信息。

相比之下,对于复杂性高、价值高的项目,或其他关键性项目的采购来说,评估过程更加复杂、耗时更长、代价更高。关键的第一步是建立一些淘汰标准,换句话说,如果供应商没有达到这些标准,是否就意味着它们不能与企业合作了呢?这些标准可能包括设施的大小、设施的地理位置、过去是否有类似的业务经验、之前是否存在诉讼或 EHS 等问题。还有一些其他的方法可以用来评估潜在供应商,如表 1-3 所示。

表 1-3　潜在供应商的评估方法

评估方法	具体说明
关于供应商的问卷调查	问卷调查会针对供应商提出许多问题,包括口碑、推荐、损益表历史情况、故障率和质量管理体系情况
财务状况分析	财务分析往往可以节省之后进一步研究所需的费用。财务分析包括评估供应商财务稳定性的关键财务指标和比率。信用评级还可以帮助企业确定供应商是否能满足要求
第三方评估	经过培训的第三方组织经常被雇用来评估和审查供应商,甚至会负责评估供应商处理危险废物的过程
评定会	面对面的讨论可以明确规范,并确定供应商是否能够满足复杂采购的需求
现场参访	许多供应商可能从资料上看还不错,但是现场参访可以帮助企业确定供应商在实际运营中是否存在低效情况。参访人员通常由不同职能部门的成员组成,包括买方公司的战略和战术负责人。在评估过程中经常会使用加权计分卡
质量能力分析	质量部门和最高管理层帮助塑造企业的质量能力。了解供应商的质量理念和过去的质量表现可以帮助确定供应商的理念是否与采购公司的一致

供应商的策略也必须与采购方的策略一致。供应商计分卡通常包括很多职能,并在不同的部分分配不同的权重。计分卡上的最终得分有助

于帮企业缩小供应商选择范围，也可以让评估者将关注点集中到那些对采购至关重要的事情上。第 2 章会进一步讨论计分卡和评估标准。

有四个重点方面（早期供应商参与、道德问题、环境问题和社会因素）需要根据不同的供应商分别进行考虑。这通常取决于商品或服务在矩阵中的分类、与供应商的关系类型，以及供应商的地理位置，因为法律和文化会影响这些标准。

选择供应商

当供应商群体的数量减少到一个可管理的水平，并且一个或多个潜在供应商已通过初步评估，采购管理人员或采购团队可以邀请潜在供应商提交投标书或提案。采购者必须决定是采用投标还是谈判，还是两者兼有。反向竞拍通常在这一阶段使用（具体是否使用取决于分类情况）。

如前所述，最终选择哪家供应商，通常要根据供应商计分卡或加权因素进行分析。制定加权计分卡主要包括以下四个部分。

1. 制定可以作为选择标准的因素，以及这些因素在决策中所占的权重。对于这类商品或服务来说，哪些方面对企业至关重要？例如，一家造纸公司必须为生产过程采购大量的淀粉。淀粉是一种商品，首要考虑的因素是价格。

2. 在更广泛的选择标准中制定次级因素或绩效因素，并确定这些因素的权重。如财务绩效中，关键的比率因素包括存货周转率、资产回报率，甚至盈利能力。

3. 建立评分等级评估潜在的供应商。一般可以是用于评估的量表：例如，1 ~ 5 的评分等级。但要确保进行评级的人必须清楚 1 到 5 等级之间的区别。

4. 对每个供应商进行评估。这通常是由那些与供应商有关系的人和那些可以查看信息的人单独完成的。例如，可能不是所有成员都知道供应商准时交付的情况，但是负责这一方面的人员会从这一角度对供应商进行评估。所有的分数都会被汇总并相加，最终可以得到计分卡上的"数字"。

使用计分卡对供应商进行仔细的评估，可以帮采购者挑选出可以满足需求的合适的供应商。也许计分卡得分最高的供应商并不是最好的供应商，但其是能满足企业最看重的那个因素（如质量）的供应商。

开发供应商

开发供应商是指，企业为了提高供应商的业绩或能力而开展的各项活动，可以让供应商满足买方短期和长期的供应需求。有时在企业和供应商之间会有冲突，特别是当供应商没有看到开发的需求时。此外，对采购者来说，拥有一组定义好的、对供应商公开透明的绩效指标是至关重要的，而且还需要制定好具体的供应商开发目标。有效的供应商开发需要财务资金和技术人员的支持、及时准确的信息共享，以及流程的改进。更多关于供应商开发的细节将在后面的章节中详细讨论。

管理供应商

　　明确的关键绩效指标可以帮助企业管理供应商。然而，采购者必须评估供应商的能力是否可以满足企业的长期需求。采购者必须向供应商了解其总体增长计划、设计能力和未来的生产能力。供应商管理的一个重要部分是建立并维护适当的关系。更多关于供应商管理的细节将在后面的章节中详细讨论。

采购的战略角色和战术职责

　　采购在每一个过程中都承担着许多关键战略角色和战术职责。采购的"控制范围"赋予了它们在某些事情上拥有决定性的权力。然而，内部客户（或称为预算所有者）对许多重要的决策都有很大的影响。这里列出了采购的一些关键战略角色和战术职责。这些都将在后面的章节中进行更详细的讨论。

　　采购的战略角色

　　1. 开支分析。

　　2. 需求管理及规范（工作说明）。

　　3. 分类管理。

　　4. 合同管理。

　　5. 成本管理。

　　6. 管理并改进采购付款流程。

　　7. 供应商关系管理。

8. 建立供应管理策略。

采购的战术职责

1. 供应商识别、评估、选择。

2. 预测及计划需求。

3. 明确需求：请购单。

4. 采购申请单、工作报告。

5. 回顾预测情况和客户订单。

6. 建立再订购点制度。

7. 存货盘点（周期盘点）。

采购类型

企业需要采购许多不同的产品和服务。如前所述，采购的挑战是针对那些必须要从外部采购的项目，为企业挑选合适的供应商。表1-4列出并描述了采购的许多项目。服务是一种特殊类别的项目，采购的参与度随企业的不同而不同。

表1-4　不同类型的采购

采购类型	描述	举例
原材料	没有被供应商加工过的原产品。通常这些原材料的质量并不相同，都是按"等级"进行采购的	石油、煤炭、木材、铜、锌、金和银
半成品和零部件	从供应商处采购的、用于支持生产最终成品的产品	零部件、子配件、配件、子系统和系统（座椅配件、方向盘配件、门和柱）
成品	供内部使用的产品，或在转售给最终客户之前不需要进行重大加工的产品	家具、计算机、汽车和手推车

采购类型	描述	举例
维护、维修和运行的项目	与产品无直接关系，但可以辅助业务运行的项目	备件、办公室和清洁用品
支持生产的项目	包装和运输过程所需的材料	胶带、袋子、衬垫和收缩膜
服务项目	支持设施或业务所需的服务	客户支持、临时劳工、设施和法律服务
固定设备	计划使用一年以上的资产	机器、计算机系统和物料搬运设备
运输及第三方采购	一种特殊类型的服务采购，用于管理物品的输入和输出	铁路运输、卡车运输、海运、第三方物流和多式联运

小结

本章的目标是讨论采购在企业和供应链运作中的角色和目标。本章描述了采购在企业中的作用及其与其他职能之间的相互作用。本章讨论了很多关于采购附加价值的方式，包括让采购参与新产品的开发。本章还介绍了牛鞭效应来说明冲突和复杂性对供应链的驱动影响。

本章简略说明了采购的战略角色，后面的章节将会详细讨论。采购的各种类型的产品和服务都会被记录下来。本书其余章节使用的关键术语也在本章进行了定义。

·本章的重点包括以下内容。

• 理解采购在企业中的重要作用。

• 评估供应管理组织的宗旨和目标，及其对盈利能力和净利润的贡献。

- 确定采购职能部门与其他职能部门之间的关系。

- 确定供应管理中涉及的各项活动。

- 了解不同类别的采购支出。

尾注

[1] Monczka, et al. (2011). *Purchasing and Supply Management*, 5th Edition. South Western Publishing: Mason, OH.

[2] Rawat, N. (2009). "Purchasing and Supply Chain: History of Purchasing".

[3] Ellram, Tate, and Billington (2008). "Services supply management: the next frontier" California Management Review.

[4] Bureau of Economic Analysis (2013). U.S. GDP.

[5] Fine, C. (1999). Clockspeed.

[6] Ellram, Tate, Billington, ibid.

[7] Benton, W.C., Jr. (2007). *Purchasing and Supply Management*. McGraw-Hill: New York.

[8] Spekman, et al. (1999). "Toward More Effective Sourcing and Supplier Management." European Journal of Purchasing and Supply Management, 5 (2), pp. 103–116.

[9] E isto, et al. (2010). "Early Supplier Involvement in New Product Development." *World Academy of Science*, 38. Retrieved on September 23, 2013.

[10] Monczka, et al. (2011). *Purchasing and Supply Management*, 5th Edition. South Western Publishing: Mason, OH.

[11] Monczka, et al. (2011), ibid, p. 217.

[12] U.S. Food and Drug Administration (FDA). "Animal & Veterinary, recalls and withdrawals".

[13] FDA, (2013).

[14] CBS, (2013). "P&G Recalls Dry Pet Food over possible Salmonella

Contamination".

[15] 1 000 Ventures (2013). "How to win market share".

[16] Siemens (2013). "Leveraging suppliers for strategic innovation".

[17] Brown, J. (2005). "Procurement in New Product Development," The Aberdeen Group, Inc.

[18] Ellram, L.E. Total cost of ownership.

[19] Carbon Disclosure Project (2013). "Driving Sustainable Economies".

[20] Carbon Trust. (2013). "Footprint Measurement".

[21] Sustainability Consortium (2013).

[22] Monczka, et al. (2011), ibid.

[23] Supply Chain Organization (2013). Supply Chain Operations References (SCOR) Model.

[24] This figure is adapted from the work of Monzcka, et al. (2011); Burt, Dobler, and Starling (2003), "World Class Supply Management." McGraw-Hill: New York; W.C. Benton, Jr. (2007) *Purchasing and Supply Management*, McGraw-Hill: New York.

[25] L ee, H., et al. (1997). "Information Distortion in Supply Chains," *Management Science*, 43 (4), pp. 546-558 and Lee, H., et al., (1997), "The Bullwhip Affect in Supply Chains," Sloan Management Review, 38 (3), pp. 93-102.

[26] Ibid.

[27] All Business Experts (2013). "The Top Ten Reasons Why Businesses Fail".

[28] Burt, Dobler, Starling (2005), ibid.

[29] Kraljic, P. (1983). "Purchasing Must Become Supply Management." *Harvard Business Review*, September-October, pp. 109-117.

[30] Monczka, et al (2011), i. Ibid.

02

供应管理的关键要素和流程以及它们
之间的相互作用

本章介绍了供应管理涉及的各项活动和流程。第 1 章介绍的类别分析在本章会进行更深入的讨论。此外,本章还详细介绍了供应商选择和评估过程中的一些策略。第 1 章介绍的许多概念在本章也进一步进行了说明。同时,本章介绍了维护和发展供应商的思路,以及有用的绩效评估技术。所有这些流程涉及的关键概念在本章中都有定义。

学习目标

完成本章的学习后,你应该能够:

- 了解供应管理的基本流程;

- 确定如何建立商品策略并进行类别分析;

- 对供应商进行选择;

- 了解如何谈判和管理合同;

- 评估供应商的绩效和质量;

- 建立合适的供应商关系,开发供应商。

供应管理过程和商品策略发展

面对竞争激烈的市场,企业需要适应环境的变化并做出反应。为了能更好地存活下去,企业需要能够预测变化、适应变化,并通过制订和执行战略计划来利用市场中的机遇。采购策略的设计必须能实现特定的企业目标。

采购与风险管理

　　采购者在执行战略计划时，采取的方式需要使企业避免财务风险、声誉风险和运营风险（见图2-1）的影响。接下来将定义并讨论采购在降低风险（财务风险、声誉风险和运营风险）中的作用。

图2-1　供应管理中的三种风险

　　财务风险关注的是价格、材料和服务成本的变化。采购者必须对供应商的财务稳定性特别敏感，持续监控波动的商品市场、关注劳动力成本，以及将一些陷入财务危机的供应商加入名单，这些都可以在一定程度上避免出现潜在的破坏性问题。正如在"采购和财务"小节讨论的一样，采购者还必须注意应付账款，以确保折扣没有问题，并且确保应付供应商的账款不被故意拖延。如果供应商得不到付款，它们就无法支付账单，这可能会阻碍它们获得原材料。

　　采购可以帮助管理并降低供应链的财务风险。一方面，采购者可以确保供应商不会陷入倒闭的境地。另一方面，采购者可以避免质量差的产品带来的额外成本，同时避免企业的声誉和品牌形象受损。

　　采购部门的采购人员必须尽力确保供应商具有较强的生存能力和财

务管理能力。即使供应商对产品或服务提出了提高价格的要求，也可以通过采购来减少或消除这种情况的影响。许多可以用于供应商财务管理的技术将在后面的章节中讨论。

举例说明：财务风险与评估

在2008年的经济衰退中，供应商受到的打击尤其严重，因为企业"勒紧了裤腰带"。各企业还倾向拖延它们的应付账款，以确保它们有足够的现金可以用于业务。企业的采购一般是每年对供应商评估一次，但在这种环境下，采购每周都要对供应商评估一次，以确保供应商能够长期生存下去。在某些情况下，供应商无法度过经济危机，会破产。然而，一些目光长远的企业会密切关注供应商的表现，以便及时发现供应商潜在的问题，并询问它们是否需要帮助。有些供应商需要的是短期投资或可能会用到的一些设备或工具。目光长远的企业能够意识到供应商对企业的重要性，知道供应链中断的影响。这些企业就会对它们的供应商进行短期投资，以便未来它们之间仍然可以长期保持这种合作关系。

声誉风险对企业的影响最严重。这方面的风险涉及法律和道德问题。这里有一个潜在的假设，即"通过看你合作的公司怎么样，我们就知道你是个怎样的人"。这既适用于个人，也适用于企业。换句话说，供应链合作伙伴所做的事情会直接影响企业在人们心目中的形象。

许多利益相关者将供应商视为企业经营业务的延伸。因此，无论供应商是大是小，只要供应商有不当的行为，都会损害企业的声誉、降低品牌价值。在如今这样一个许多产品和服务都来自"新兴市场"或"低价劳动力市场"的时代，这个问题变得越来越严重。供应链极其庞大和复杂。为了管理这种持续存在的品牌和声誉风险，企业正在实施供应商资格认证计划，以确保供应商的价值观和目标与采购企业的价值观和目标一致。

采购者不希望站在新闻摄像机前解释，为什么他们的某个行为导致了客户或供应链成员的严重受伤甚至死亡。有关贿赂、回扣、质量低劣、不适当的处理和环境影响、与不道德的供应商交易等方面的不利报道，可能会为企业带来极大的损害和导致高昂的代价。

举例说明：声誉风险

在一些广为人知的案例中，供应商的选择对采购企业的声誉造成了损害。某公司采购的玩具中含有铅，对儿童造成了伤害。某些服装零售商和分销商的供应商没有遵守适当的安全程序，导致许多员工死亡。在以上这些案例中，都是供应商的行为给采购企业带来了负面影响。

在较小的企业中也存在这种情况，错误的采购决策导致产生了负面报道，让企业受到严重处罚。有这样一个案例，一位企业主要求其采购部门找到一家供应商，负责处理工厂中累积的 5 箱有害物质。这些材料需要被安全处理，并被带到适当的材料处理设施中。采购员通过互联网找到了一家报价很低的供应商，并且采购员没有与该供应商签订合同。这家供应商的人员准时到达企业，取走了这 5 箱有害物质，将其装上了卡车。在前往材料处理地点的路上,卡车停了下来,并将这5个箱子全部放到了一个公共区域,其中一些箱子里的有害物质泄漏了。箱子上注明了采购企业的名称。警方和新闻工作人员立刻联系了这家企业,试图了解发生了什么事以及负责人是谁。到底是谁要对这个问题负责?相应的罚款数额巨大,负责人还有可能被判入狱。

运营风险与供应中断和延迟有关。这种类型的风险主要来自企业运营的人员、系统和流程。在企业领导者眼中,某些特定类型的运营风险是很重要的,这些风险往往"让他们晚上睡不着"。采购者需要觉察出潜在的负面影响因素(无论是来自内部还是来自供应链合作伙伴),并做好充分准备,尽量减少对供应链运作的负面影响。下面几段将讨论一些潜在的、影响较大的供应链运营风险。

1. IT系统被破坏。在许多情况下,IT系统会被入侵,外界获取了数据的访问权限。第4章讨论了其他IT问题,如云计算可能会产生更多潜在的问题。采购者必须确保合同中明确规定了供应链合作伙伴可获得的访问级别和信息。系统中需要内置数据冗余。定价和成本计算等敏感信息的处理方式,需要与运输和交付产品所需的数据等其他信息的处理方式不同。

2. 补偿和激励。我们生活的这个社会经常会出现诉讼问题,产品和服务出现问题可能会导致数百万美元的索赔。采购者必须仔细选择和管理供应商群体,以将这些问题出现的概率降低。无论在什么情况下,经过仔细筛选和全面测试的产品应该按时、完整地发货。

3. 诈骗和客户数据滥用。在经济低迷时期，由于预料之中的财务压力，欺诈就成了一个很严重的问题。采购者必须遵循严格的指导方针，在商业交易的各个方面都要符合道德标准。他们必须始终做最符合企业利益的事情，而不是最符合他们自己利益的事情。

4. 流行性疾病。一种影响世界特定区域的疾病，可能会对交货产生严重影响。如果一家供应商的劳动力因疾病或死亡而突然减少，企业就很难在短时间内找到另一家供应商来满足需求。许多企业都有一种采购策略，即通过与世界各地多个不同的供应商合作，从而分散这种风险。

5. 政治干预、监管和动荡。许多问题都与货币问题有关。政治事件可能在毫无预兆的情况下突然发生。关税、税收和联合抵制可能会发生变化，并对在某个地区开展业务的成本产生严重影响。

6. 业务连续性和灾难恢复。我们很难预测 2012 年严重破坏美国东海岸的飓风桑迪（Hurricane Sandy）这类事件。继续开展企业业务，并从严重灾害中恢复仍然是一项严峻的挑战。随着气候的变化以及全球变暖问题的产生，许多大规模的灾难不断发生，供应管理人员必须比以往任何时候都要准备得更加充分，恢复得更快。从全球不同地区采购产品，在不稳定的季节持有额外的库存，或考虑增加备选的运输渠道，可能有助于降低这种风险。

管理供应风险可能颇具挑战性。然而，在设计、协调和管理供应系统的运营时，如果还要去考虑这些风险，可能会对具体的运营产生重大阻碍。不过，企业依然可以采取某些方法来帮助降低供应链风险。

1. 要有远见，要有长远的打算。这涉及要去了解供应链中的薄弱环节。只有知道什么地方可能会出问题，才能清楚地理解其带来的长期影响以及如何解决这些问题。

2. 要有应对计划失败的方案。应急计划至关重要。有些风险是短期的，只要有一些创新的想法，就可以处理这些风险问题（例如，西欧上空三天禁飞区，是由火山灰造成的）；而另一些风险则更严重，会对企业造成重大的长期影响（如材料短缺）。

3. 真诚地对待客户。退一步想想，为每个客户服务需要付出多少成本。在某些情况下，最大的客户往往是无法为企业带来很高利润的（甚至可能是负利润的）。但需要认真对待企业对客户做的承诺，并确保企业的所有部门都遵守这些承诺。第 1 章讨论的牛鞭效应就与客户是否能和其他供应链成员进行有效的信息沟通有关。

4. 财务及信用评估。即使是经常合作的供应商，也应该定期评估其信用和财务问题。只需查看几个关键指标（在后面的章节讨论），就可以清楚地评估供应商是否值得继续合作。

5. 制订一个计划。必须明确并严格遵守供应链的流程。在采购领域，关于如何找到供应商、如何评估并管理供应商都有严格的准则。

6. 沟通。管理风险的简单方法之一，就是尽可能早地与供应商沟通，让它们知道它们很重要，确保它们了解企业的期望。

类别及矩阵组合分析

管理风险是供应管理人员的一项重要工作，也是采购者为企业增加价值的一种主要方式。第 1 章讨论了采购为股东增加价值的各种方式，包括提高收入和降低成本。为了实现这些，供应管理的目标必须与企业目标一致。换句话说，供应管理的战略方向需要根据企业目标和业务的发展战略进行调整。

供应管理的目标和战略往往适用于采购的产品或服务的某一类别或某些系列。这些类别可能属于某个特定的业务单元，由这个业务单元负责该特定类别的具体执行。例如，办公用品是各个行业都会采购的一类产品，但对企业的业务来说重要性相对较低。相对而言，木材就更重要一些，所以在纸浆和造纸工业中，木材就属于战略级别的采购产品类型。降低成本和改善客户服务通常是一种跨越不同产品类别的战略举措，这在很大程度上是由供应链推动的。

为了帮助企业实现其业务目标，从战略上减少供应链中可能出现的风险因素，这种管理不同类别产品的方式被称为产品战略发展。采购过程首先要评估企业有什么资产，企业需要哪些资产，以及外部市场发生了什么。为了实现企业目标，企业可能会需要引入新产品、对现有产品进行更改、开发新技术、对预测和需求进行更改，甚至会建立新设施，这些时候都需要进行采购。企业进行采购还有很多其他原因。决定是否采购的关键，是确定特定项目或服务的需求。

支出和需求评估——从采购到支付

接下来我们讨论一下支出和需求评估。通常，收集某一特定商品的总支出数据是很困难的。这就是为什么许多企业在促进并实施从采购到支付的流程。从采购到支付的流程，使采购部门与应付账款部门得以整合。

图 2-2 显示了一个从采购到支付的流程。通过采购到支付的流程能看到并控制整个交易生命周期——从物品的订购方式到最终发票的处理方式。这让企业可以对现金流和财务状况进行全面了解，并减少了应付账款原有的许多低效问题。

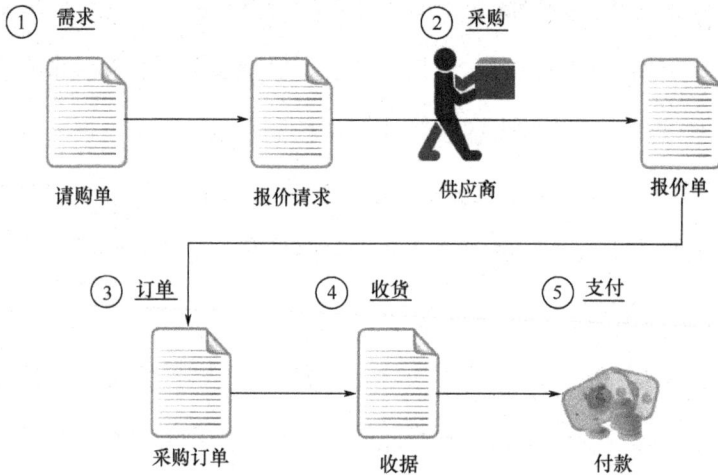

图 2-2 从采购到支付的流程

有些企业中，应付账款和采购使用同一渠道向企业上级汇报。实际上，有效的从采购到支付的流程，是许多企业改革工作的重中之重。

支出和需求评估——支出分析

支出分析背后的目的，是对企业的各项采购进行年度回顾。这种回顾的关注点是钱花在了什么地方，以及支付了相应的费用后，获得了多少产品和服务。支出分析有助于确定在每家供应商消耗的成本，以及是否有可能减少供应商数量。支出分析还可以帮助比较实际支出与预算支出间的差距。

当获得了支出数据以后,就可以决定如何与各家供应商更好地合作,以及如何更好地将商品战略与企业目标联系起来。支出分析有助于采购人员识别商品对企业的重要性,这有利于进一步对商品进行分类,从而确定企业与供应商之间的关系类型。

支出分析过程的第一步是将商品按照类别进行分类,然后按照供应商进行分类。这是一种很直观的方式,通过查看花费最多的商品类别和获得最多业务的供应商,可以评估哪些方面可以产生大的影响。用这种方式将支出情况呈现出来,有助于减少一些潜在的风险,也有助于确定在哪些方面可以获得最多的节省成本的机会。图2-3和图2-4展示了这种呈现方式的例子。

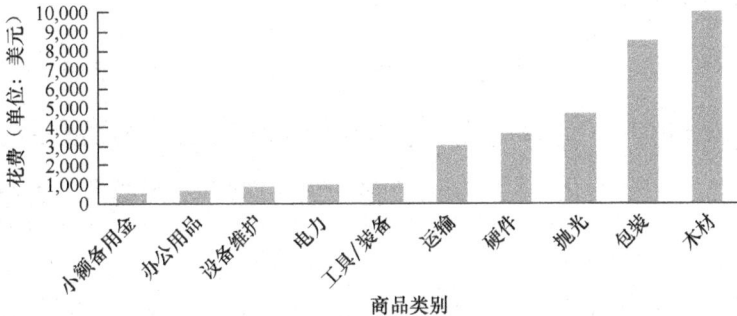

图2-3 不同商品类别的花费

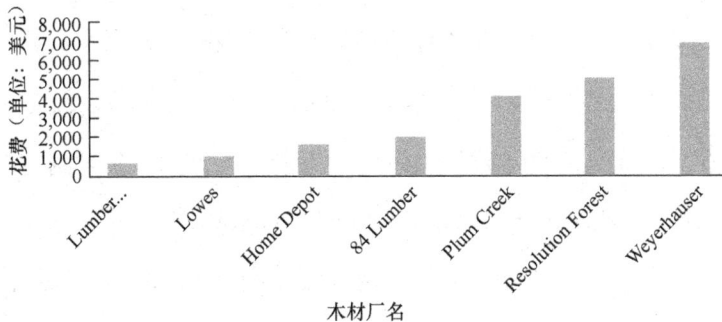

图2-4 在不同供应商上的花费

进行市场研究

完成支出分析以后，接下来要深入研究采购者负责分析的具体商品。将在特定商品上的花费与总花费进行比较，以及确定相应的供应商是谁。一般来说，只有少数供应商会收到某一特定商品的大额订单。通常情况下，优化或精简供应商群体的第一步就是了解哪些是关键供应商，并排除那些没有做出贡献的供应商。

有一些关键信息可以帮助采购者做出明智的决定。例如，对于供应商和业务单位来说，关于年度采购总额的信息非常重要。此外，在决策制定、工程变更、新产品发布等过程中，需要考虑利益相关者的预测需求和新的采购项目。

外部市场研究对于确定与供应商、可用生产力、技术趋势、定价、成本数据和趋势、环境和监管等有关的问题也很关键。做出明智的决定需要收集大量的信息，对市场情况有一定的了解，并对其他关键的市场问题进行深入的研究。

波特五力模型

接下来要讨论的问题是，如何以一种全面、彻底的方式呈现所有这些数据，从而更好地将企业目标与具体的商品战略目标联系起来。一个重要的工具是迈克尔·波特（Michael Porter）的五力模型。波特介绍了一个框架，该框架有助于预测供应商和采购者的行为，并对制定供应策略非常重要。这个模型还可以帮助其他利益相关者了解当前的市场状况。图 2-5 所示为波特五力模型分析。接下来，将讨论影响模型中各部分的因素，以及如何从采购者的角度使用此模型来评估这些市场和因素。

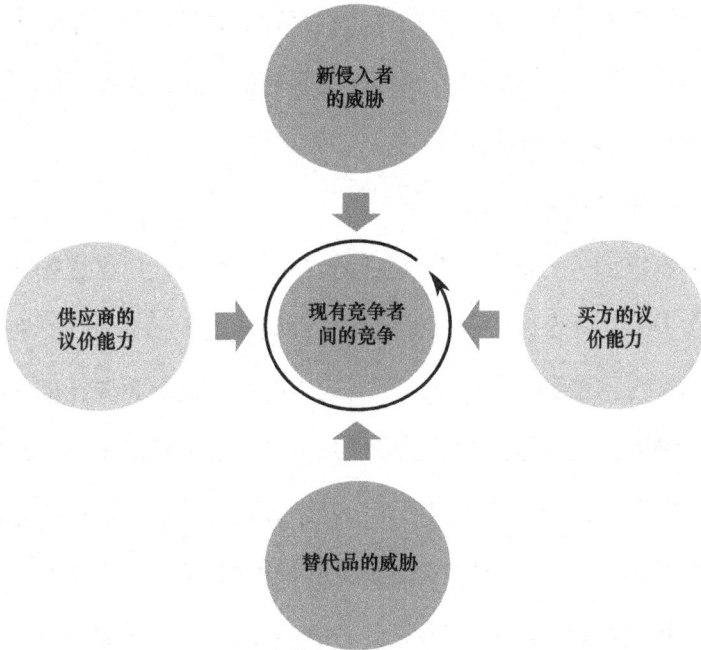

图 2-5　波特五力模型分析

将波特五力模型和市场分析结合

供应商和商品的支出数据可以为市场评估提供一定的指导。我们可以仔细观察这五种因素中的每一种，并确定哪里可能存在问题（每种因素的影响程度），哪里可能存在机会。

1. 新侵入者的威胁。

营销团队需要了解产品进入市场可能遇到的障碍。例如，考虑其他进入该领域的低成本制造商，以及这会如何影响现有制造商。这些新供应商能否轻松进入市场，或者它们是否存在自己无法解决的潜在资源或投资方面的问题？一些可能阻碍（或促进）其进入市场的因素，包括技术工人是否足够、产品生命周期，以及进入市场的风险和成本。对一家新进入市场的供应商来说，市场中原有的这些企业所拥有的品牌资产和客户忠诚度可能会是一个很大的挑战。福特的客户就是一个例子。政府监管、关键技术的获取、投入或分配也是需要考虑的问题。障碍越少，新侵入者进入市场也就越容易。

2. 供应商的议价能力。

随着供应市场的整合，供应商的数量开始减少，但这也意味着市场上将存在更大的供应商力量，采购过程也更加复杂。供应商的地位会影响成本、谈判，甚至会影响进入市场的可能性。企业需要仔细考虑各家供应商的集中程度、是否有替代品以及采购者的转换成本。无论是从供应商的角度来看，还是从采购者的角度来看，这种供应市场的整合都可能影响权力的转移。另一个是企业所处的特定行业对供应商的重要性。在供应商业务的整体计划中，企业的业务有多重要？对供应商来说，放弃和企业的合作还能继续获得成功吗？供应商的权力越大，企业维持原有价格、获得所需的创新或技术以及找到新的合适的供应商的难度也就越大。

3. 买方的议价能力。

随着规格的统一和特定行业标准的制定，买方的力量也在增强。买方的力量大小也会影响成本、谈判和供应情况。相对于供应商的数量，有多少买家？是否有机会使用多个供应商？产品对买家来说有多重要？需要多少数量？回答这些问题可以帮企业了解竞争环境，并确定企业在竞争中的位置。价格敏感性、转换成本、利润和替代品都对各方力量的平衡有影响。一个拥有强大采购力的市场降低了新供应商进入这一市场的门槛，然而，随着新供应商的增加，竞争也在加剧。

4. 替代品的威胁。

采购团队必须了解是否存在替代品，以及其相对价格、质量以及转换成本。如果存在替代品,采购团队必须意识到其潜在的影响,并理解使用新材料会对供应链产生怎样的影响。

5. 现有竞争者间的竞争。

上述所有方面都会对现有竞争者之间的竞争产生影响。采购团队需要考虑竞争者的集中程度、行业增长率、固定成本与可变成本、产品差异化和退出市场的障碍。竞争对手的相对规模如何?企业是如何进行比较的?竞争对手多样化吗?

波特五力模型可以帮企业对收集的所有数据进行排序,包括支出分析和市场信息。采购团队必须以有效的方式组织各项资料。

卡拉杰克(Kraljic)矩阵分析

另一种可以用于市场分析的方法是卡拉杰克矩阵分析。这个矩阵的重要性在第 1 章提到过。接下来具体讨论如何使用此工具进行市场分析。

这个矩阵可以让我们对单个商品和供应商群体有更全面的了解。主要从两个维度来看,一个是支出水平(即对企业的重要性),另一个是供应市场的复杂性(市场上有多少有能力的供应商可用,以及采购商品的风险有多大)。采购者使用收集到的数据来确定特定商品或服务在矩阵中的位置。矩阵中不同区域的商品,使用的采购和供应商关系管理策略以及执行这些策略的具体操作也不同。

使用矩阵进行决策

图 2-6 是针对卡拉杰克在 1983 年提出的矩阵的更详细的描述。该矩

阵将采购项目分为四类：非关键性项目（重要性低、供应风险低）、杠杆项目（重要性高、供应风险低）、战略项目（重要性高、供应风险高）、瓶颈项目（重要性低、供应风险高）。本章主要关注的是每一类项目中对企业有益处的供应商关系类型。第3章会介绍不同的战略、行动和策略，以便更好地管理每个类型的项目。

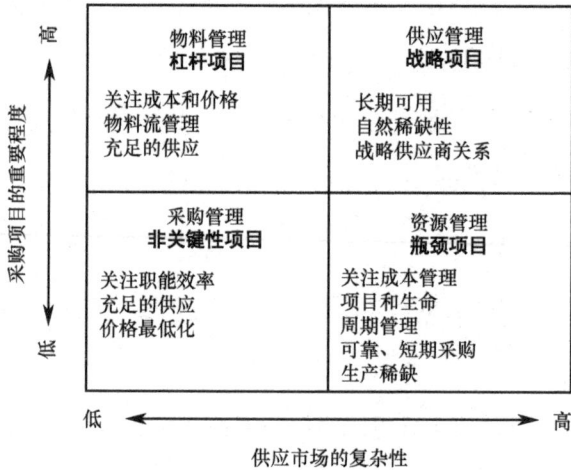

图 2-6　卡拉杰克矩阵具体分析

对于非关键性项目或重要性一般的项目的采购，关键在于要在许多供应商中找到可能的最低采购价格。这类项目的转换成本很低，企业可以方便地更换供应商。通常可以从多家供应商中进行选择，可独立完成交易，而且合同是短期的。

举例说明：非关键性项目

有些项目在企业中经常使用，但对企业的主营业务并不是至关重要的。办公用品就属于这一类，它们对企业的业务运营并不重要。如果这类东西用完了，企业可以在附近的超市随时补充。对于这类商品的主要关注点就是，价格是不是最低。换一家供应商供应这类商品是很容易的，市场上有很多供应商可供选择。

许多供应商可以为企业提供杠杆类的产品和服务，这类产品和服务大多是商品类型的项目。这类项目的支出较高，其对企业很重要，可以供应这些项目的供应商就成了企业的首选。

举例说明：杠杆项目

在企业中有很多项目都可以被划分为杠杆项目。一种比较常见的杠杆项目就是包装。有很多供应商都可以提供包装，因此如果必要的话，可以在不同的供应商间进行转换，或者将能力差的供应商从供应商群体中剔除。这类项目对企业很重要，因为它们的数量和开支水平都很高。这类供应商与非关键性项目的供应商的关系类型不同，这类供应商主要利用自己的专长来获得更多业务。物流供应商、包装供应商和其他这类供应商通常通过信任和绩效来获得竞争优势。企业和这些供应商合作，可以降低与制造这些材料相关的成本，进而降低价格。

战略项目（或称为关键性项目），采购的复杂程度和风险更高，主要是由于这类项目数量有限（即资源稀缺）或者供应这类项目的供应商较少。对于那些需要为客户保证连续性供应的项目来说，更是如此。企业与这些供应商签订的是长期的合同，并且在新产品开发的早期可能就会开始与供应商接触。这类项目的采购中，企业与供应商的关系是战略性的。

举例说明：战略项目

对某家全木家具企业来说，具有战略意义的商品是木材。如果没有木材，企业就不能生产产品。在这种情况下，企业与木材供应商是战略性的合作关系，企业与其之间的关系是长期的。木材是一种自然资源，会受到环境稀缺性的影响。在短缺时期，供应商需要帮助企业继续完成生产过程。企业经常与供应商沟通库存水平、采购、质量标准等情况。供应商也会提出创新和节省成本的想法。

瓶颈项目通常是独特的，或因企业不同而不同。这类项目的采购通常需要小众供应商，如用于采矿的大型设备。这类项目的供应市场复杂性高，所以管理往往是困难并费时的。这类项目的供应商关系通常更具交易性。

举例说明：瓶颈项目

对采购者来说管理这类项目是非常耗时的。它们通常是单项工程，例如，为制造商采购设备。从最初的想法到最终的实现需要很长时间，每种机器的供应商很少，物流工作也很有挑战性。IT 系统可以属于这类项目，它的投资成本很高，而且实现起来非常耗时。

供应商分析

在完成矩阵分析以后，就可以进行供应商分析。对供应商进行评估之后，团队可以给供应商提出建议。采购必须确定目前已有的供应商和潜在的供应商，确定信息技术需求，并去发现利用类似商品来平衡商品支出的机会（利用数量优势或合并支出）。筛选过程和对供应商的要求可以根据商品的类型、供应商对企业的重要性，以及与采购相关的风险而有所不同。这些标准还可以用来评估供应商是否具备满足企业未来目标的能力。可以根据企业的需求考虑许多标准，以下是一些常用的标准。

1. 价格、成本、总成本。

2. 财务状况、能力、绩效。

3. 流程和设计能力。

4. 管理能力。

5. 规划和控制系统。

6. 质量管理系统。

7. 技术能力。

8. 遵守环保法规。

9. 社会、道德行为。

10. 能力。

11. 潜在关系。

12. 认证。

标准既有客观的，也有主观的，每个主要类别都有与之相关的子类别和权重（重要性级别），如第 1 章所述。对每个供应商的重要标准进行评估或打分。企业应该使用权重分数的总和来确定潜在的供应商。这些标准通常由各个利益相关者共同确定，并根据对企业的重要性加上权重因子。

表 2-1 是加权计分卡的一个示例。权重分数是用得分除以 5，再乘以子权重分数得到的（如表 2-1 中"过程控制系统"的权重分数为 $4 \div 5 \times 5 = 4$）。再将每个分支的权重分数加起来，就得到该类别的总分。然后，将每个类别的总分加起来，就得到该供应商的总加权分数。最后，你可以使用这些分数来选择供应商，并衡量和管理供应商的业绩。

表 2-1　供应商加权计分卡，R&M 公司的打分情况

类别	所占分数	子权重分数	得分（0～5分）	权重分数	总分
1. 质量体系	20				
过程控制系统		5	4	4	17.4
品质认证（ISO 14000）		8	4	6.4	
次品的百万分比		7	5	7	
2. 管理质量	10				
管理 / 劳动关系		5	4	4	8
管理能力		5	4	4	
3. 财务状况	10				
债务结构		5	3	3	7
周转率		5	4	4	
4. 成本结构	12				
工业成本		4	5	4	11.2
了解成本		4	4	3.2	
成本控制 / 减少		4	5	4	

续表

类别	所占分数	子权重分数	得分（0~5分）	权重分数	总分
5. 交货能力	12				
性能承诺		4	3	2.4	
交付时间要求		4	3	2.4	7.2
响应能力		4	3	2.4	
6. 技术/流程能力	18				
产品创新		5	4	4	
流程创新		5	5	5	15.4
研究开发		4	5	4	
技术创新		4	3	2.4	
7. 系统能力	12				
EDI 能力		4	5	4	
CAD/CAM		2	0	0	8.8
电子采购能力		6	4	4.8	
8. 整体能力	6				
小众供应商的支持		2	3	1.2	
环保达标		2	5	2	4.8
供应商的供应商群体管理		2	4	1.6	
				总加权分数	79.8

注：EDI（Electronic Data Interchange，电子数据交换），CAD（Computer Aided Design，计算机辅助设计），CAM（Computer Aided Manufacturing，计算机辅助制造）。

供应商的评估与选择

大多数采购专家都认为，没有最佳的方法来评估和选择供应商，所以各家企业都在使用各种不同的方法来进行供应商评估和选择。无论采用何种方法，评估过程的总体目标都应该是降低采购风险，使采购的总体价值最大化。大多数公司都有一个标准化的供应商评估和选择的过程。虽然步骤的描述和数量可能不同，但是每个步骤涉及的活动是相似的。

1. 明确选择供应商的需求。企业开始评估并选择供应商可能是由很多原因导致的。例如，新产品开发需要一个新的供应商群体。企业需要考虑许多问题，如当前供应商的能力或绩效。建造新设施或将设施搬到另一个地方也需要新的供应商。

2. 建立一个跨职能的采购团队。在确定了需求之后，就需要确定对采购感兴趣的人员，并将其组建为跨职能的团队开始工作。这个团队需要在寻找、选择和评估供应商方面紧密合作。通常，对跨职能团队的成员的评估是根据联合指标进行的（在第 6 章中讨论）。

3. 确定关键的采购需求。关键的采购需求是最初的筛选阶段的主要淘汰标准。例如，供应商可能太小，无法满足企业的需求；供应商可能没有必要的能力；供应商可能在财务上有困难，选择其的风险太大。采购团队需要确定什么标准是重要的，并且在最初的筛选阶段使用这些标准。

4. 确定采购战略。采购战略必须与企业战略一致，并与早期评估期间的其他工作参数相符合。例如，供应商关系是短期的还是长期的？供应商是国内的、近岸的，还是离岸的？这是不是唯一的采购来源，如果是的话是否过于冒险？

5. 确定潜在的供应来源。根据商品的分类确定供应来源，这一步或多或少需要时间。项目的战略性越强，当前供应商的能力越低，花在这一步的时间就越多。采购团队主要负责筛选出能够在规定范围内提供商品或服务的供应商。

6. 筛选已选范围内的供应商。收集信息并评估了关键问题后，就到了这一步。采购团队可能有许多可以选择的潜在供应商，但各家供应商的绩效各不相同。正如前面几节所讨论的，这里的关键是要理解对所采购的商品或服务最重要的主观和客观标准。对每家潜在供应商进行详细的财务风险分析也是必要的。当将供应商数量控制到可管理的状态时，可以通过现场参访等方式进一步筛除一些不合格的供应商。

以下是与风险评估和供应商评估有关的潜在财务指标和措施。

（1）信用评级。

（2）平均收款周期（天）。

（3）股票价格。

（4）平均应付账款（以天为单位）。

（5）投资回报率（ROI）。

（6）存货周转率。

（7）现金流。

（8）平均库存天数。

（9）营运资金。

（10）固定资产周转率。

（11）流动比率和速动比率。

（12）资产回报率。

（13）利润和营业利润率。

（14）股本回报率。

（15）权益负债率。

（16）利息保障倍数。

（17）现金流周期。

（18）年成本变化与年收入变化之比。

（19）毛利率。

7. 确定供应商评估和选择的方法。在这个阶段，可用的供应商数量更少，更易于管理。采购团队必须决定如何评估这一小部分供应商。建议针对剩下的这部分供应商，都做一次现场参访。但是，现场参访所有供应商需要一定的资源支持，而有时可能无法获得这些资源。

8. 选择供应商并达成协议。经过各种评估，以及团队成员间的大量讨论，分析供应商是否适合企业，最终选出供应商。这一阶段需要与供应商进行协商，并确保供应商可以达到所有要求的规范。

合同谈判与管理

谈判是买方和卖方探讨并讨价还价的一个过程（计划、审查、分析和妥协），双方都有自己的观点和目标。谈判的目标是就交易的所有阶段达成双方都满意的协议，包括（但不限于）价格、服务、规格、技术和质量要求、运费和付款条件。不是所有的商品或服务都需要谈判，是否需要谈判取决于商品矩阵中商品和服务的具体分类。

下面列出了谈判的基本步骤。与许多采购活动一样，这是一个跨职能的团队工作。团队其他成员可能包括成本会计、工程师、业务分析师等。

1. 选择团队并指派首席谈判代表。团队主要负责提供支持，执行数据分析，并帮助首席谈判代表做出决策。

2. 确定目标，获得双赢的结果。如果与供应商的关系很关键（例如，如果该供应商能获得大量业务，或者该供应商拥有关键性技术），那么双赢就很重要。如果供应商觉得这种情况对双方都不利，要么供应商会拒绝接受企业的合作，要么企业可能要在某些方面做出让步。

3. 通过比较出价、现场参访潜在供应商来为谈判做准备，并评估行业价格趋势。（信息就是力量，所以你知道的越多越好。）在这个阶段，采购者应该提出一个方案，考虑在和供应商谈判的过程中可能遇到的问题，并收集过去与供应商合作时的各种信息。确定一个客观的价格目标，并划定界限，从而帮助控制谈判过程。

4. 确定议价能力，并考虑供应商的议价能力。回顾市场评估期间收集的数据，看看是否能确定谁在掌握主动权。

5. 计划议程、地点、时间，以及最佳或最低报价。计划得越详细，可获得的信息越多，就越有助于确立谈判的权威地位。

6. 根据确定的目标制定谈判战略。需要根据利害关系、对方过去谈判的情况以及所追求的现实目标进行战略的制定。

7. 明确实现战略的具体策略。要明白这不是游戏，不应该有不诚实和玩诡计的心理。采购者在谈判的各个方面的表现都要合乎道德，而且要诚实，不能透露竞争对手的价格。永远不要猜测成交量或夸大潜在成交量。许多采购者在谈判中会说成交量很高，或可以适当降低对产品的质量要求，但实际上过高的成交量或降低对产品的质量要求并不会发生。

8. 谈判后进行汇报，根据协议制订行动计划，评估谈判团队的表现。思考如何在谈判过程中持续改进。另外，要明白不是每个人都是好的谈判者，无论参与谈判的人受过多少训练都不能保证他能成为首席谈判代表。成功的谈判需要数据分析技能并提前准备。

企业希望的是与供应商能够建立长期的、互惠互利的关系。如果供应商在谈判中感到被打压，那么它们可能很难达到预期的规格要求。

在与其他离岸供应商进行谈判时，有一些需要特别注意的方面，这将在第5章进一步讨论。语言和文化上的细微差别常常会阻碍甚至破坏谈判。企业应花费时间和金钱培训员工在不同的场合进行谈判。在规划谈判过程时，还应该分析并讨论某些地区的特殊情况。

管理合同需要紧密的沟通和合作型的买卖关系。供应商有责任及时履行合同，并令企业满意。不幸的是，企业不能完全确保供应商会按计划和规格要求进行生产和交付。业绩不佳或交货延迟就会扰乱生产运作，并可能导致销售损失。供应管理部门必须监控供应商的进度，以确保其能满足交货要求。监控的程度取决于商品的类型、材料或服务的紧急程度以及供应商满足企业要求的能力。

企业可以通过许多方式对供应商的绩效进行有效的监控，如面对面的会议、供应商提供操作进度报告、甘特图（见图2-7）、计划评审技术图（Program Evaluation and Review Technique，PERT）（见图2-8）、质量审计等。合同管理可能是一个较大的挑战，特别是企业有大量的库存时，质量和交货问题可能就会被掩盖。企业无法保证一切都按计划进行。

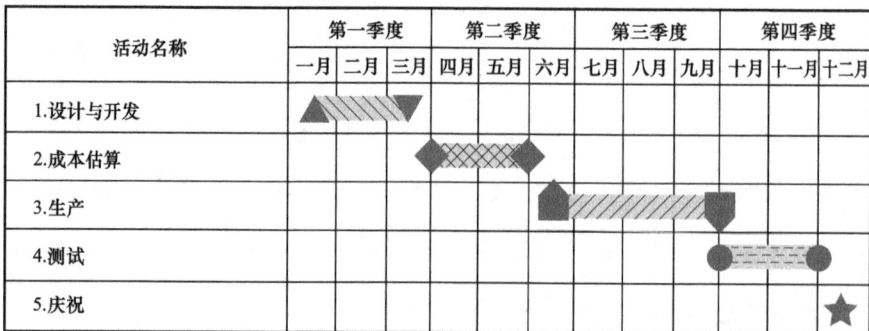

活动名称	第一季度			第二季度			第三季度			第四季度		
	一月	二月	三月	四月	五月	六月	七月	八月	九月	十月	十一月	十二月
1.设计与开发												
2.成本估算												
3.生产												
4.测试												
5.庆祝												

图2-7　产品开发甘特图

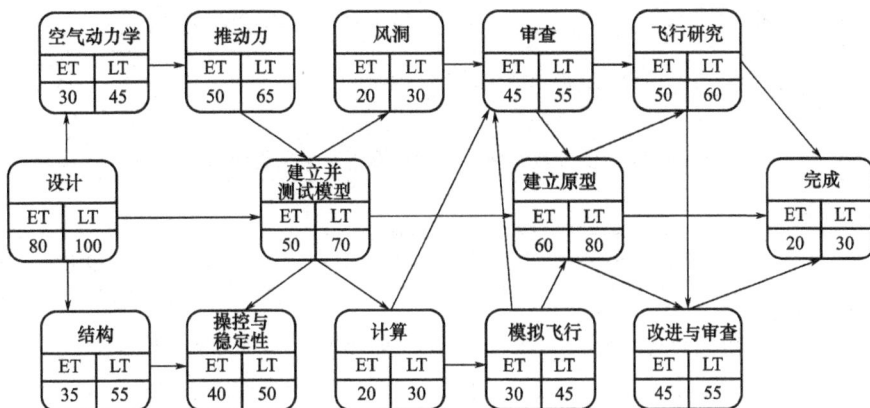

注：ET 表示活动期望时间，LT 表示活动时间。

图 2-8　飞机设计流程的 PERT

供应商关系管理和发展

正如前面几节所讨论的，每家企业都会与多家供应商维持关系，包括事务性关系、保持一定距离的合作以及战略性联盟。发展并管理供应商关系既具有挑战性，又是非常有意义的。

关系管理的一个关键，就是建立结构化的供应商绩效评估。这些评估的目的是管理绩效并加强企业与供应商之间的关系。一般来说，企业是根据 3 到 6 个月的浮动平均值来评估绩效的。这主要是为了避免因为供应商偶尔犯过一次错误，就永远将它们拉进黑名单。一般有三种常见的评估方法：分类评估、加权评估和总成本评估。下面举例说明每种评估方法。

分类评估

表 2-2 是一个利用分类评估法对供应商进行评估的例子。分类评估

法在很大程度上依赖参与供应商关系管理的决策者的判断和经验。由所有代表组成的评价委员会定期审查供应商的绩效。

表 2-2　以分类评估法对供应商进行评估的示例

供应商：　　　日期：			
部门评估总结	**满意**	**中立**	**不满意**
供应管理部			
收货部			
会计部			
工程部			
质量部			
绩效因素			
供应管理部			
按期交货			
按报价交货			
有竞争力的价格			
符合需求预期			
在紧急情况下提供帮助			
不要求特别考虑			
目前的供应价格、目录和技术信息			
给我们提出的潜在的困难			
有良好的劳资关系			
守信用			
收货部			
按指定路线交付			
有充足的派送服务			

部门评估总结	满意	中立	不满意
货物有好的包装			
会计部			
正确的发票			
按时发放贷项通知单			
工程部			
有关于产品可靠性的记录			
有应对困难工作的技术能力			
在紧急情况下提供快速有效的行动			
及时提供所需数据			
质量部			
提供高质量的材料			
带有纠正措施的答复			

根据绩效的不同，给供应商标记加号（表示满意）、中立标记或减号（表示不满意）。绘制一段时间内供应商的绩效趋势图，并选择具有加号增多趋势的供应商。对于加号或减号占多数的情况，需要批注意见并告知供应商。

根据经验和定期会议，企业可以绘制供应商在各个方面的绩效因素列表，并针对每个因素按照"从不""很少""通常""始终"等进行分级统计。这种方式虽然不是定量的，但它提供了一种根据绩效标准对绩效进行系统记录的方法。

加权评估

加权评估法，类似前面讨论过的加权计分卡，使用预先确定的因素和权重（或这些因素对评价的重要性），计算、比较供应商的实际绩效。

表 2-3 是一个利用加权评估法对供应商进行评估的示例。

表 2-3　以加权评估法对供应商进行评估的示例

R&M 公司月度绩效评估			
因素	权重	实际业绩	绩效评估
质量	50	5% 差评	50×（1−0.05）=47.50（a）
服务	25	3 个服务失败	25×［1−（0.07×3）］=19.75（b）
价格	25	100 美元	25×（90/100）=22.50（c）
			总体评价 = 89.75

总成本评估

初期使用总成本评估法先评估一下与供应商合作的总成本是很重要的。然而，采购者可以通过比较实际成本和预期成本来评估供应商。采购者也可以比较供应商在降低成本方面的努力。表 2-4 是总成本评估法的一个简单示例。

表 2-4　总成本评估法示例

	成本	测量单位	总成本
为每箱支付的价格	42 美元	箱	33,600 美元
每箱中的单品个数	3	箱	800
每托盘中的箱数	80	托盘	10
到洛杉矶港的购物成本	4,750 美元	箱	4,750 美元
每个集装箱中的单品个数	2,400	箱	2,400
海关费用为集装箱价值的 3%	3%	集装箱的价值	1,008 美元
关税费用为集装箱价值的 5%	5%	集装箱的价值	1,680 美元

续表

	成本	测量单位	总成本
美国港口对每个集装箱的处理	1,750 美元	箱	1,750 美元
每个集装箱的保险	600 美元	箱	600 美元
从运输港运送到仓库的成本	1,200 美元	箱	600 美元
仓库移动和储存成本	1,200 美元	托盘	1,200 美元
质量管理	10 美元	个	8,000 美元

同时，企业将更多的材料、零部件、成品和服务外包给其他供应商，也提高了对供应商的期望，希望供应商能够按时、有竞争力地提供创新和高质量的产品。当供应商不能满足这些需求时，企业有三种选择：业务内包、寻找新的供应商和帮助现有供应商提升能力。根据商品类型的不同，最好的选择可能是更换供应商（如果更换成本较低）。然而，对于更具协作性和战略性的关系，帮助供应商改进（或开发供应商的能力）是最佳选择。采购过程的这一阶段，因为已经在供应商关系上进行了大量的投资，因此在变更上进行协作也是合理的。

供应商开发是指，企业为了提高供应商的业绩或能力而开展的各项活动，以便可以让供应商满足企业的供应需求。企业可以使用以下工具或活动来完成供应商开发。

1. 评估供应商的运作。

2. 提供激励措施以改善绩效。

3. 促进供应商之间的竞争。

4. 通过培训和其他活动直接与供应商合作。

5. 将企业员工安置在供应商公司。

6. 让供应商参与企业的新产品和工艺开发。

7. 为供应商提供以改进为重点的研讨会。

8. 为供应商提供工具和技术支持。

9. 分享通过改进而带来的成本节约情况。

在某些情况下，供应商开发是企业改变流程的催化剂。

供应商开发过程中有许多障碍。在很多情况下，供应商并不想被开发，或者它们觉得自己并不需要开发。这一过程中的许多障碍都是由缺乏沟通和反馈造成的，有一种"将问题归咎于供应商"的感觉。为了避免开发过程中出现问题，就需要确保期望清晰，在采购和绩效之间有明确的评估标准，并且要保证清晰、频繁地沟通。

供应商绩效的评估

有很多种方法都可以用来评估供应商的绩效。表2-5中列出了一些比较常见的评估方法，这里只挑选了一部分可以评估供应商绩效的方法。请记住，有些方法只适合用来评估某些供应商。第6章对各个评估方法进行了更加深入的界定，并对方法的实施进行了讨论。

表2-5 供应商绩效评估方法

评估类别	方法
性价比	实际价格与计划价格之比
	实际价格与市场指数
成本效益	成本变动
	成本规避

评估类别	方法
收益	供应商对业务的贡献
品质	百万分率（Parts Per Million, PPM）
	供应商的故障率
准时交付、响应能力	准时交付和响应
	响应计划、参与和设计变更
技术或创新	对新技术的第一次洞察
	标准化以减少复杂性
物理环境与安全	采购决策中的可持续性标准
	保持适当的记录以反映公司的可持续性和社会责任报告
资产和整合供应链管理	存货周转率
	运输成本降低

许多企业在供应商绩效评估方面取得了很大的进步。采购者可以跟踪质量、成本、交付和其他绩效方面。此外，企业现在可以对供应商业绩不佳的情况进行量化。系统变得越来越复杂，采购者需要更好地评估与特定供应商合作的总成本。

小结

本章的目标是将供应管理中的各项活动和关键流程整合在一起。其中包括风险和市场管理、类别分析以及组合分析。本章介绍了许多新工具，如波特五力模型和支出分析。此外，卡拉杰克矩阵再次被讨论，用来说明企业如何更好地管理供应商关系。

　　采购在企业中的作用越来越具有战略性，对企业取得业务成功也越来越重要。选择、评估和管理供应商的过程既耗时又耗资源。然而，选择错误的供应商对企业来说可能是灾难性的，并可能使企业面临财务、声誉和运营风险。选出供应商并将其添加到组合模型之后，采购者需要确保自己拿到了签订的合同。请记住，供应商的行为是对采购者业绩的反映。本章介绍的许多想法将在接下来的章节进行更深入的讨论。

　　本章的要点包括以下内容。

- 了解管理供应操作的基本流程。

- 决定如何建立商品策略并进行品类分析。

- 对供应商进行筛选和选择。

- 懂得如何谈判和管理合同。

- 验证供应商的绩效和质量。

- 适当发展并管理供应商关系。

- 评估供应商绩效，管理供应商开发。

尾注

[1] Monczka, et al. (2011). *Purchasing and Supply Management*, 5th Edition. Southwest Publishing: Mason, OH.

[2] Ernst & Young (2010). "Five Areas of Highly Charged Risk for Supply Chain Operations".

[3] Campbell, A. (2013). "Top 10 Organizational Risks for 2013".

[4] Information was presented by a representative from Caterpillar, September 11, 2013, in Knoxville, TN.

[5] Information was presented by representatives from Rolls Royce, September 4,

2013, in Knoxville, TN.

[6] Financial Management (2011). "8 Ways to Reduce Supply Chain Risk".

[7] Caterpillar, (2013), ibid.

[8] Monczka, et al. (2011), ibid.

[9] PWC Oracle Practice. "Optimize Procure to Pay Processes for Profitability, Efficiency, and Compliance".

[10] Procure to pay process flow figure retrieved on August 31, 2013, from Google images for the procure to pay process.

[11] Monczka, et al. (2011). *Purchasing and Supply Management*, 5th edition. Southwestern Publishing: Mason, OH.

[12] Burt, Dobler, Starling (2003). *World Class Supply Management*. McGraw Hill: New York.

[13] Porter, M.E. (1980). "Industry Structure and Competitive Strategy: Keys to Profitability," *Financial Analysts Journal*, pp. 30−41.

[14] Porter, M.E. (1980). "Competitive Strategy."

[15] Kraljic, P. (1983). "Purchasing Must Become Supply Management," *Harvard Business Review*, September−October, pp. 109−117.

[16] Adapted from Monczka, et al (2011).

[17] Burt, Dobler, Starling (2003). *World Class Supply Management*. McGraw Hill: New York.

[18] RFFlow5, Personal Flowcharting, Gannt Chart Product Development.

[19] Soft Indeed, Airplane Design Process, Pert Chart.

[20] Wheaton, G. (2009). Supplier Performance Management.

[21] Monczka, et al. (2010), ibid.

[22] G hosh, P. (2013). "8 Major Rating Plans are Used for Vendor Rating".

[23] Monczka, et al (2011), ibid.

[24] Burt, Dobler and Starling (2005). Ibid. (a): 100%: Percentage of rejects; (b): 100%: 7 percent for each failure; (c): Lowest price offered or price actually paid.

[25] Handfield, Krause, Scannell, and Monczka. "Avoid the Pitfalls."

03

建立高效、有效且可持续的供应管理运作的原则和战略

本章描述了采购的原则和战略，这些原则和战略有助于将企业的供应管理运作与供应链战略结合起来。本章介绍了采购战略的关键组成部分、供应管理在外包决策中的作用及可持续性。

学习目标

完成本章的学习后，你应该能够：

- 了解供应管理的原则和战略；

- 描述和定义每个采购类别战略的关键组成部分，以及这些组成部分与企业战略的关系；

- 决定如何以及何时合理化并优化供应商群体；

- 确定供应管理在内包（自制）和外包（外购）决策中的作用，描述每种方法的风险和好处；

- 准备并进行适当的成本管理分析；

- 学习其他管理供应链的分析工具；

- 研究可持续发展的关键组成部分，以及供应管理决策如何影响企业的碳排放。

供应管理原则和战略介绍

对于供应管理和供应链管理人员来说，使供应管理目标与企业目标保持一致的过程尤为重要。为了取得成功，战略发展过程必须是一体化的。该战略应由负责执行的人起草，并投入大量精力和资源。企业层面的战略必须转化为职能层面的战略。对于供应管理来说，这些企业层面的战略还必须与特定商品或服务的目标关联。

战略采购必须从业务单元需求出发，为业务部门构建采购战略指明方向，这些是针对内部客户的。供应管理必须为客户（内部和外部）在实现特定目标和业务单元目标方面增加价值。

分类采购战略

如第 1 章和第 2 章所讨论的，不同类别的商品和服务具有不同类型的采购战略和目标。通常，这些战略和目标是由跨职能团队制定的。这意味着那些参与其中的人对所采购的商品或服务很熟悉或存在利益关系。跨职能团队必须以高效的方式合作，才能让各个参与者的时间能被充分利用，最大限度地实现企业的目标。在建立适当的、更有效的跨职能团队的过程中，涉及的一些关键活动如下。

1. 根据指定的活动调整跨职能团队的成员。

2. 确保团队成员拥有合适的技能、经验，并受过培训。

3. 用绩效指标和目标来指导团队的工作。

4. 提供所需的企业资源。

5. 授权控制内部活动并做出实质性决定。

6. 任命一个正式的团队领导。

7. 将团队成员的绩效评估和薪酬与团队整体绩效挂钩。

第 2 章讨论了教育团队成员的不同方法，包括调查供应市场情况、支出预测，以及了解用户和利益相关者的需求。在这些步骤都完成之后，就需要使用矩阵分析来更好地构建和划分供应商群体。矩阵分析将供应商分为四种类型：战略型、交易型、优先型和公平独立型。这些需要与相应的供应商关系类型一致。

这种矩阵的分割或分类使采购团队能够更好地理解商品对业务的重要性，从而使用适当的战略管理商品和供应商关系。而每个战略又决定了最适合该区域的策略和行动。因此，每个区域都有一个战略，支持该战略的特定策略，以及执行该战略的具体行动。图3-1所示为扩展后的卡拉杰克矩阵。战略、行动和策略将在后文按区域进行讨论。

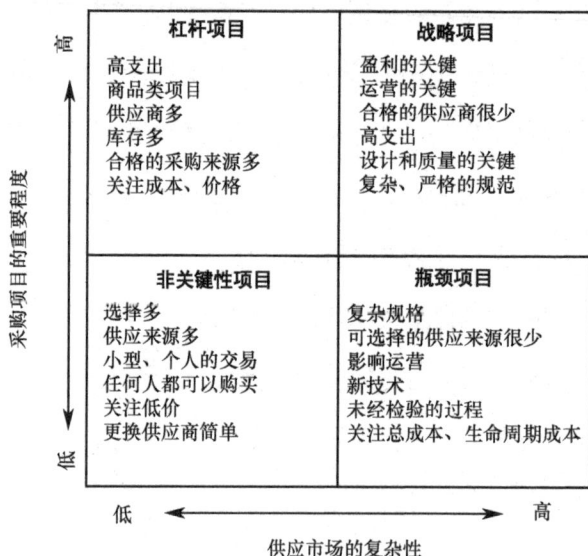

高 ↑	**杠杆项目** 高支出 商品类项目 供应商多 库存多 合格的采购来源多 关注成本、价格	**战略项目** 盈利的关键 运营的关键 合格的供应商很少 高支出 设计和质量的关键 复杂、严格的规范
采购项目的重要程度	**非关键性项目** 选择多 供应来源多 小型、个人的交易 任何人都可以购买 关注低价 更换供应商简单	**瓶颈项目** 复杂规格 可选择的供应来源很少 影响运营 新技术 未经检验的过程 关注总成本、生命周期成本
低 ↓	低 ← 供应市场的复杂性 → 高	

图3-1　卡拉杰克矩阵的扩展

使用卡拉杰克矩阵实施战略

本节介绍了各个区域中的商品与其有效实施的战略之间的关系。请记住，区域内的分类是因企业而异的，其对应的战略并不是一个放之四海皆准的战略。例如，包装可能对大多数制造商来说是一个杠杆项目。然而，对于联邦快递来说，需要合适的包装类型、合适的颜色、合适的包装重量和其他规格要求，可能包装就成了一个战略项目。

非关键性项目：公平独立型供应商

这一类别的商品和服务通常很容易得到，而且对企业的重要性往往较低。正如第 2 章提到的，对于大多数企业来说，办公用品都属于这一类项目。对于戴尔（Dell）或苹果（Apple）这样的公司来说，电源线可能属于这一类项目。

对于这类商品，市场上可供选择的供应商很多，更换供应商的成本相对较低，导致较低的采购价格成为采购决策的驱动因素。采购者通常通过采购价格与市场价格的比较（绩效评估将在后面的章节讨论）或采购价格差异来评估供应商。

这类商品的最佳采购策略，就是减少采购过程花费的时间。通过自动化或供应商提供的技术来简化流程。此外，支出的整合也有助于实施低价战略。史泰博（Staples）、百思买（Best Buy）、美克司办公室（Office Max）等公司提供的在线目录，让买家可以使用公司的采购卡（P-Card，就像信用卡一样），通常可以免费、快速地送货上门。

这类项目很少需要谈判，往往是根据短期合同进行管理。任何人都可以采购这类商品（单独采买这类商品时经常会出现问题），而且这类商品一般用于日常业务。这类商品的主要采购策略是简化采购过程，减少采购工作量。

举例说明：非关键性项目

许多公司都会面临"公司中的每个人都可能是买家"这样的情况。员工采购一些东西用于商业用途，然后通过零用现金要求报销。有许多成本管理方式与此过程相关，包括建立账户、核对零用现金、确保采购是合理的业务采购。

在引入采购卡之后，它消除了许多单独采买产生的问题。采购变得更加集中，对账变得更加容易。采购卡还消除了个性化的采购，如为特定的人采购特定类型的笔，通过将支出进行整合，可以降低整体成本。这类商品的采购应采用精简的流程，并选择较低的价格。许多企业要求，对于任何不使用采购卡的个人采购要进行预先审批。

杠杆项目：优先型供应商

因为这类商品的数量（支出）很多，所以对供应商的管理是否得当，对于企业来说是很重要的（并且有很大的节省成本的机会）。如前所述，大多数企业需求的包装都属于这一类项目。对于戴尔或苹果公司来说，键盘、鼠标设备或屏幕属于杠杆项目。

这些项目对企业很重要主要是因为其花费的支出较高，所以质量和成本管理是关键的考虑因素。这类商品的主要采购战略就是最大限度地降低成本。这需要平衡数量和支出，或者将业务集中在更少的供应商上，从而创造更具竞争力的环境。

采购者可以采取许多行动来实施适当的策略，包括竞争性投标和反向拍卖。（最终业务将属于符合要求的最低价投标人。）由于市场上许多供应商都会提供这些杠杆项目，激烈的竞争使得价格降低。这类项目的需求数量增加，使得企业成为供应商的首选客户。杠杆项目中企业与供应商的关系要比非关键性项目中的关系更具协作性，企业和供应商能够共同努力寻找节省成本和改进流程的方法。

举例说明：杠杆项目

一家位于美国西部的公司正在讨论如何选择提供呼叫中心服务的供应商。六个不同的业务部门都参与了这次讨论。每个业务部门都有一个人来负责选择和管理呼叫中心供应商。这些人并不是在采购部门工作，而是在业务部门工作。

当他们开始讨论采购支出时（这是很重要的），他们意识到一些业务部门在使用相同的供应商，但是有些部门支付给供应商的价格要高一些。当供应商被问及这一问题时，它们的回答是，一些业务单元更容易处理，所以价格更低。公司意识到这里边有问题，于是打电话给供应管理部门求助。

供应管理部门决定开始使用战略采购流程，并发布了一份需求建议书（Request for Proposal，RFP），想知道谁想要这项业务。最终，选择了一家可以支持所有六个业务部门的供应商。这笔钱被直接花在了一家在各个地区都有呼叫中心的供应商身上。这家公司最终形成了杠杆率更高、价格更低、优化的供应商群体。

战略项目：战略型供应商

针对这类项目，主要是要开发供应商的能力，并在不断改进和开发新产品的过程中逐步让合作的供应商参与进来。对每家企业来说，战略项目的分类是不同的。如果没有这些产品，企业就无法生产所需的产品。家具公司的木材就属于这类，这在前面提到过。对于戴尔或苹果公司来说，可能微处理器就属于这类项目。

为了有效地管理这类项目，需要有很强的分析技能和关系管理技能。负责这类项目的供应商对企业来说是非常重要的，企业必须将风险最小化，特别是在突发事件方面。

以协作的方式管理供应商关系有助于企业降低成本，改进产品和服务，并增加创新。这些关系是通过签订长期合同来进行管理的。这类供应商经常参与新产品的开发和设计，甚至可以参与新产品开发的早期阶段。此外，企业希望这些供应商提供创新的想法并持续进行改进。

举例说明：战略项目

前面讨论的家具公司制作了实心松木家具，并且需要一个稳定的木材供应商来供应用于制造产品的木材。木材是一种天然稀缺的材料，可以持续从森林中获取木材的木材供应商很少。企业必须对木材供应商进行适当的协作型管理。没有特定质量和等级的木材，家具公司就无法生产家具。因此，该家具公司与木材供应商形成了战略关系，从而确保拥有一个持续的供应来源。该家具公司还与木材供应商合作，制订应急计划，以应对监管变化或供应问题。这些木材供应商也会参与设计，并提出一些改进建议，以提高产品稳定性、减少浪费和成本。

另一个战略项目是家具表面的装饰（或颜色）。家具的颜色必须一致，而且要与整个产品线匹配。该家具公司试图努力做一个好"公民"，尽量减少温室气体排放。某些供应商提出了一种方法可以保持产品的颜色，但使用的装饰是水基材料。使用水基材料进行装饰需要新的设备和技术，不过这能使有机染料的浪费（或损失）明显减少。该家具公司与装饰供应商合作完成产品的生产，其大部分的装饰材料都从与其有战略关系的唯一供应商那里采购。

瓶颈项目：交易型供应商

如第 2 章所述，瓶颈项目管理困难且耗时。通常瓶颈项目可能是根据企业的业务进行采购的，也可能是一次性采购多种，也可能是与整个产品线几乎没有任何关系的特殊项目。而供应商关系也通常是短期或一次性契约的事务性关系。供应管理人员需要设法把产品从这个区域转移到一个更容易管理的区域。例如，与一家供应商整合在这类项目上的花费，可以将这类项目转移到矩阵顶部的类别中。或者，找到有能力提供这类产品的其他供应商，可能会将这类项目转变为矩阵上的另一个类别。

举例说明：瓶颈项目的供应商

一家公司需要完成许多不同类型的环境项目，以确保符合规定，并帮助实现其发布在公司网站上的可持续发展目标。每个项目都是不同的，需要不同类型的知识。公司中不同职能的不同人员分别管理每个项目。采购甚至没有参与最初的项目管理。

这些环境项目的一家供应商意识到，它们的专业知识没有得到有效利用，并与采购公司的代表进行了谈话。当新项目开始进行时，不是要去寻找环境项目服务的另一家供应商，而是联系现有的供应商，看看该供应商是否有兴趣和能力。最终，大多数的环境项目都给了这家供应商，这家公司与供应商的关系转变为更具合作性和战略性的关系，这一项目的重要程度就增加了。

合理化并优化供应商群体

企业应该考虑需要维持的最佳供应商数量，以便可以继续在全球做生意。合理化供应商群体，需要明确有多少合作的供应商，以及哪些供应商需要维持长期关系。供应商群体优化包括对供应商群体进行分析，以确保在供应商群体合理化后，只有有能力和表现好的供应商留在供应商群体。供应商群体的合理化和优化，包括淘汰那些不愿实现（或不能实现）特定绩效目标的供应商。合理化和优化的过程是持续进行的。

一个经过合理化、优化的供应商群体具有诸多优势。重要的是，这一耗时且具有挑战性的过程有利于改善成本、质量、交货、企业与供应商之间的信息共享等方面。随着企业和供应商之间关系的改善，合同可以延长，也可以增加共同改进的地方，并进行创新和知识的转移。表3-1列出了合理化、优化的供应商群体的优势和潜在风险。

表 3-1　合理化、优化的供应商群体的优势和潜在风险

优势	潜在风险
规模经济	供应中断
更低的总成本	容量和能力的约束
更低的行政成本	减少竞争
供应风险降低	对供应商的依赖
使用最好的供应商	品质难以保证
提供全方位服务的供应商	名声可能受影响

举例说明：供应商群体优化

　　试图利用供应链力量的企业，首先要查看供应商群体的内部数据和历史绩效。很明显，供应商群体的规模不适合有效管理或不间断供应。某些商品可能供应商过多，而其他商品可能只有单一的供应来源。当现有供应商有能力和时间满足需求时，就没有正当理由再添加新的供应商。分析本身有助于理解优化的必要性和好处。

　　一个经过优化的供应商群体可以帮助企业通过改善成本、质量和计划来提升盈亏表现。一家企业估计这种供应管理策略可以节省5,000多万美元。在完成支出分析之后，比较好的下一步就是进行基准测试，以便更好地了解哪家供应商是同类中最好的，以及在优化供应商群体方面做得最好的企业具体在做什么。

　　雷神公司（Raytheon）针对供应商群体进行了优化，并制定了优化后所需的战略。表3-2列出了从行政层面的供应管理到最前沿的战略决策所采取的基本策略。

表 3-2　发展到最前沿的优化供应商群体

				最前沿
供应商策略			**前瞻性**	全面整合供应策略 – 供应商早期参与设计
供应商管理			全球供应商管理项目	全球供应商管理
社会及环境责任		**被动**	履行环境和社会责任	将社会和环境责任纳入商品战略
供应链管理技能		供应链管理缺乏产品技术专业知识	有限的供应链管理产品专业知识	供应链管理积极招募技术专家，了解商品和行业趋势
供应商选择中供应链管理的参与	行政	供应链管理不参与供应商选择	供应链管理参与关键供应商的选择	跨职能团队从事商品战略和供应商选择
流程	没有定义流程	没有定义制造和采购流程	定义了制造和采购策略	供应商群体优化，并配合业务战略
盈亏的影响	局部最优化的盈亏底线	可以判定负面影响，但无法量化	有利，但不是最佳的	证明了与优化工作直接相关的因素对盈亏的积极影响
关系	交易型	直接采购	首选供应商名单	协作和联盟
重点	采购方便	零件供应和采购价格	成本、质量和及时性	持有的总成本
数据	无法获得	检索困难，需要手动进行	方便采购和定价	促进战略采购和计划

内包与外包（自制与外购）

内包与外包是企业做出的另一个战略决策。此外，决定外包或离岸业务的具体地理位置也很复杂。该决定对企业具有长期的影响，因此，错误的决策可能会带来灾难性的后果。内包与外包决策过程已经被越来越广泛地应用于整个企业中的产品、组件、子组件和服务中。考虑到在讨论这一内容时使用的术语容易混淆，以下是对一些常用的术语的介绍。

1. 内包。在内部生产零部件、组件或服务。

2. 外包。从外部供应商采购零部件、组件或服务。

3. 离岸。购买制造或将制造转移到不同的地理位置，以利用较低的成本。

4. 重新上岸。将制造或采购带回母国。

5. 近岸。将生产或采购业务转移到离母国较近的国家（如对美国来说，墨西哥或加拿大就属于这类国家）。

与供应管理中的许多其他决策一样，采用内包还是外包的决策是由高效的跨职能团队执行的。采购的作用是提供市场和供应商分析，并帮助团队做出明智的决定。采购也是管理供应商关系的核心角色。企业需要仔细考虑哪些供应商是合适的。

与外包相关的一个主要风险是供应商可能试图利用这种关系从中获利。还有另外两个因素需要考虑，其中之一是核心竞争力。问题变成了：这东西需要进行外包吗？另一个问题是对这类产品或服务的需求过于普遍，这可能会导致企业需要依赖供应商来有效地管理技术和交付。

举例说明：外包风险

一家呼叫中心供应商发现，一家采购企业给了它一份200页的合同，让它审核后再签订。供应商花了几天时间试图理解冗长合同中的各项条款。供应商注意到的一件事是"空闲时间最长的呼叫中心操作员将接收下一个呼叫"。采购企业拥有可以将自己与世界各地的供应商联系在一起的技术。

采购企业的策略是提供每天 24 小时、每周 7 天的卓越客户服务。新供应商决定通过增加代理商的数量来帮助采购企业达到目标。劳动力成本低，技术支持成本高。供应商继续雇用许多代理商，直到大多数呼叫都转到它的设施。这给供应链带来了很大的风险，随着当地市场上受过教育和培训的人员开始减少，服务水平也随之下降。

许多因素都会影响内包或外包决策。其中两个主要因素是总持有成本和可用容量。表 3-3 列出了每个决策的具体考虑事项。

表 3-3　影响内包或外包决策的因素

支持采用内包（自制）的因素	支持采用外包（外购）的因素
总成本因素	总成本因素
产能过剩	有限的生产设施
生产和质量可控	需求量小
设计方面具有保密或专利问题	需要特定供应商的专业知识
供应商不可靠	稳定的劳动力
稳定的劳动力	拥有多个采购来源的政策 可以进行间接控制 库存因素

外包决策面临着许多不稳定、业务交接的问题。还有许多成本方面

的因素需要考虑，在某些方面还有隐形成本。此外，成本会随着经济条件的变化而不断波动。例如，燃料价格持续上涨，会导致海洋运输、内陆运输和其他运输的费用随时间显著增加。"9·11"事件之后，由于恐怖分子的潜在风险，港口增加了安保力度，导致港口费用增加。

下面将讨论总持有成本，这对内包还是外包、在哪里进行采购的决策很关键，还将介绍一些用于战略成本管理的工具。第5章会对总持有成本和地理位置决策进行更多讨论。

战略成本管理

供应管理人员必须理解采购价格和成本分析的原则。采购价格通常是总成本的最大组成部分。因此，获得合适的采购价格是供应管理人员重要的工作之一。然而，这个问题有时很难确定。什么是合适的采购价格？由于地点或劳动力的组成不同，所以对不同的供应商来说，合适的采购价格都是不一样的。然而，企业有能力评估市场情况，从而决定合适的采购价格以及如何进行管理。

由于供应管理人员正准备与供应商签订合同或协商价格，他们必须了解如何评估采购价格，确定供应商的成本，并确定与供应商合作的其他相关成本。这就是战略成本管理的方法。战略成本管理主要从以下三个方面帮助采购者适当地管理整个供应链的成本。

1. 价值链。成本管理需要广泛关注企业外部的各个环节（从原材料到终端客户）。它不同于增值分析，因为它开始得很早，并贯穿产品的整个生命周期。例如，一家制造商决定实施即时制造流程。这就要求供应商可以确保多次发货，并最终对库存负责。制造商的成本降低了，因为制造商工厂的库存水平降低了。然而，供应商的运输和库存成本增加了。一旦到了重新谈判合同的时候，价格大幅上涨就有了合理的理由。价值链中存在很多可以节约成本和创新的机会，然而，企业要从更广的角度来考虑哪些对整体更有利，哪些对个体更有利。

2. 战略定位。使用的战略不同，成本管理和控制方面也不同。想想一家在产品差异化方面发挥领导作用的公司（宝马）和一家在成本管理方面发挥领导作用的公司（沃尔玛）。沃尔玛的主要战略是降低价格（实现每天的低价保证），而宝马的主要战略是了解成本驱动因素并改进流程，从而实现成本模式的改进。

3. 成本驱动因素（成本产生的原因）。很多方面都会产生成本，成本驱动因素可分为结构性成本驱动因素和执行性成本驱动因素。结构性成本驱动因素包括规模、范围、经验、技术和复杂性，而执行性成本驱动因素包括劳动力参与、工厂布局效率、产品配置等。质量是产生成本的主要因素，包括预防、评估内部和外部的各种故障成本。

战略成本管理一般都会包含以上方面，并且会在评估中使用一些工具。了解如何在特定的情况下适当地应用这些工具，可以帮助采购者更好地制定合适的价格，并帮助他们做出与"内包"或"外包"以及位置相关的更好的决策。

战略成本管理使采购者能够更好地管理供应链成本，同时将商品的类型和与供应商的关系类型考虑进去。矩阵组合分析和适当的战略成本管理技术之间有直接的关系（见图 3-2）。战略成本管理中使用的一些工具和技术需要花费大量的时间和精力来对数据进行整合和分析。

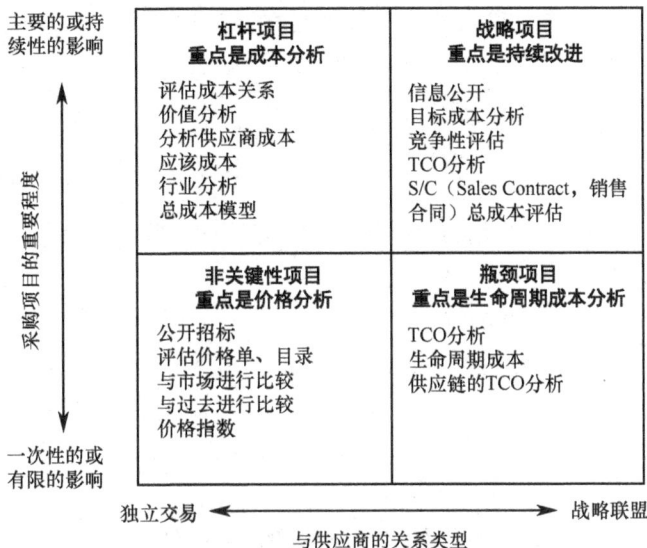

图 3-2　卡拉杰克矩阵与战略成本管理的关系

非关键性项目：重点是价格分析

　　供应链专家应该明白，支付给供应商的价格等于成本加上利润（供应商价格＝成本＋利润）。如前所述，供应商必须盈利才能继续经营。采购方必须关注价格，看看价格是否处于当前市场条件下可接受的范围内。供应商可以压低出价来获得这笔生意。然而，在短时间内，它们会要求提高价格。从广义上讲，这个等式的成本部分包括人工费、材料费、间接费用和 SGA 成本（Sales，General and Administrative Costs，销售成本＋一般成本＋管理成本 ＝SGA 成本），见图 3-3。

　　了解供应商的成本结构有助于找出供应商可能改善的地方，还可以帮助企业更好地缓解价格上涨的问题。价格分析是指将供应商价格与外部价格基准进行比较。最初的价格评估不需要单独了解供应商的各个成本要素，如人工费。价格分析关注的是卖方的价格，很少或根本没有考虑成本。

> + 人工费
>
> + 材料费
>
> + 间接费用（以人工费的百分比计算）
>
> + 工具费
>
> = 工厂成本
>
> +SGA（以工厂成本的百分比计算）
>
> = 总成本
>
> + 利润（以总成本的百分比计算）
>
> = 价格（企业支付的）

图 3-3　供应商成本的基本结构

一个用来管理价格的数据库是工业品出厂价格指数（Producer's Price Index，PPI）。PPI 每个月会随着原材料的价格变动而发生波动。它以工业采购者为样本，跟踪材料商品价格的增长情况。它是一个指数，或者是一组价格。要将指数与实际支付价格进行比较，两者都必须先转换为从一个时期到下一个时期的变化百分比。将指数转换成变化百分比，并将其与供应商的变化百分比进行比较，可以让企业了解在一段时间内支付给供应商的价格是否合理，是否符合市场趋势。在例 3-1 中列出了执行价格分析的一种方式，并进行了简单的讨论，企业可以使用这些讨论来评估结果。在本例中，企业（作为采购方）负责采购燃料以及相关产品。

例 3-1：价格分析

第一步：企业的财务或会计部门提供最新的实际支付给供应商的价格。请记住，企业使用的是指数，重要的是变化百分比，而不是实际价格。

第二步：查看企业感兴趣的商品的出厂价格指数。

第三步：比较这两个变量的变化百分比。变化百分比是从企业的初始值开始计算的，然后减去时间周期结束时的值，再用这一差值除以初始值。这是一段时间内增加或减少的百分比。企业可以比较任何时间段内的变化百分比。

第四步：评估结果。在这里看看供应商的价格变化趋势是否和 PPI 相同，变化的百分比是否相同。若实际变化的百分比大于市场变化的百分比，意味着采购方在观察市场趋势方面做得很好，企业可能因此进行一些提前采购，或商定一个更好的价格。

看看市场表现是否优于供应商表现，或供应商表现是否优于市场表现。企业可以使用这种评估来判断采购团队是否表现良好，单个采购者是否表现良好，或者某个商品是否表现良好。采购价格也会记录在供应商的计分卡上，计分卡是各个供应商绩效指标的评估因素之一，这种评估方式并不罕见。

杠杆项目：重点是成本分析

越来越多的企业将注意力从价格管理转向成本管理。然而，采购者必须了解他们负责的每种商品的市场趋势和条件。企业通过成本分析，可以发现更多减少成本的机会，很多在价格分析中的成本组成都可以通过成本分析削减。企业可以使用成本分析来比较不同供应商的报价。企业也可使用这一工具来验证供应商的要求是否合理，如供应商要求提高价格（在支付价格的基础上提高），可能是因为其中一个成本要素（如人工费）发生了变化。

企业经常将供应管理工作集中在"清算表单"上，这意味着企业通过评估利润、SGA、间接费用、材料费和人工费的行业标准来制定预期价格。企业还会研究产品成分和原材料的定价，然后将结果与供应商提供的价格和成本进行比较，并在谈判的时候用这一信息压低价格。

使用成本分析的另一种情况是供应商不提供成本数据。在这种情况下，企业可以使用目标成本分析、应该成本或反向价格分析来了解供应商的价格和成本是否与预期一致，判断它们获取的利润过多还是不够。许多企业使用这种技术取得了巨大的成功。

与成本结构相关的一些事情需要进一步讨论。首先，制造时的间接费用通常（虽然不总是）是按照人工费的百分比进行计算的。这意味着，如果人工费发生变化，间接费用也会发生变化。SGA 代表销售、一般及管理成本，按照工厂成本的百分比进行计算。利润是根据总成本来分配的。为了验证信息的有效性，每个成本因素都有许多数据库和行业标准。

采购者会通过对这些成本进行比较来理解"为什么"成本不同，以及这些差异是否与采购有实质性的不同。对采购者来说，经常要处理的问题还有供应商要求涨价的电话。采购者必须足够敏锐地认识每个成本要素都有不同的影响，然后才能决定应对这种情况的最佳策略。

战略项目和瓶颈项目：重点是总持有成本分析

总持有成本（TCO）分析是一种帮助管理整个供应链成本的技术。总持有成本分析不仅涉及采购价格、运输和工具成本，还包括与供应商合作的许多其他方面的成本。采购者还可以利用 TCO 分析对关键成本要素进行"假设"（敏感性）分析。如果有海外采购，这一点尤其有用。成本因素通常分为四大类（见表 3-4）。

表 3-4　总持有成本分析的各项成本因素

成本因素	描述
采购价格	通常（但不总是）是总成本中占比最大的部分
购置成本	与将产品、服务或固定设备运送到客户所在地相关的所有成本。购置成本包括采购费用、管理费用、运输费用和税费
使用成本	这涉及将组件转换成成品的成本，以及各种支持性的使用成本（库存、转换、报废、保修、培训、送到市区等）
使用周期结束	当产品、服务或固定设备达到其使用寿命的终点时而产生的各种成本（处置、逆向物流、清理、回收等）

　　总持有成本分析中最具挑战性的部分，是确定哪些成本因素对该产品有实质性的影响，然后为每个成本因素收集数据。这个过程涉及企业的许多不同职能。建立总持有成本模型涉及对特定项目的整个处理过程的理解。

　　当建立一个总持有成本模型时，一件重要的事就是要从项目的价格开始，然后列出可能涉及整个产品生命周期的所有成本因素。大量的头脑风暴和数据收集需要企业的许多成员都参与这个过程。

　　想了解与某个供应商合作或在某个地区做生意需要多少成本，就可以使用总持有成本模型来更好地理解与供应商合作的风险。表 3-5 是一个总持有成本模型的例子，对比了在四个不同国家和地区采购小型发动机的成本。

　　在使用这个模型时，企业可以关注很多不同的维度。首先，其中一种产品的价格或总价最低对企业来说不一定是最好的。在这个例子中，中国的价格是最低的。采购公司刚开始选择与中国进行合作，实施可持续的采购战略，但发现在中国采购的项目和公司的需求并不是特别相符。其中美国的价格是最高的，那么在美国采购该项目有意义吗？看起来在美国采购该项目可以大大降低采购的风险。

表 3-5　小型发动机的总持有成本模型　　　　　单位：美元

	中国（集装箱）	东欧（集装箱）	西欧（集装箱）	美国（每个）
单价（小型发动机）	42,000.00	60,000.00	85,000.00	120.00
包装费	2,000.00	2,500.00	1,750.00	1.00
工具费	100.00	75.00	125.00	0.03
内陆运输费	200.00	750.00	200.00	5.20
海上运输费	3,000.00	4,500.00	3,500.00	
货运生产费	200.00	400.00	100.00	
保险费	420.00	600.00	850.00	
经纪人佣金	400.00	400.00	400.00	
运输费	250.00	250.00	250.00	
行政管理费	150.00	200,000	75,000	
美国港口手续费	1,500.00	1,500.00	1,500.00	
关税	2,100.00	3,000.00	4,250.00	
经纪公司 2	500.00	500.00	500.00	
至埃文代尔的港口费用	1,500.00	1,500.00	1,500.00	
资本成本	840.00	1,200.00	1,700.00	
仓储成本	1,600.00	1,600.00	1,600.00	
故障维修成本	2,100.00	1,800.00	850.00	
环境附加费			500.00	
环境附加费			750.00	
集装箱价格	58,860.00	80,775.00	105,400.00	
单价（集装箱）	58.86	80.775	105.40	126.23

问题是，作为一名采购者，如果不采用出价最低的供应商，那就必须为自己的选择给出一个合理的解释。采购者必须考虑如何建立可以支持决策的商业案例；需要考虑企业的战略关注点，如环境问题；考虑一些成本因素是否存在波动性，如货运或港口装卸。对于大多数项目来说，采购者可以进行假设（敏感度）分析，观察当成本产生一定程度的增长时会发生什么。

总持有成本模型的另一个主要功能是让采购者看到是哪些因素导致了高成本，并想办法减少这些因素。整个过程包括信息收集、头脑风暴和评估供应商使用这种模型的关键承诺。总持有成本在第 4 章和第 5 章会进行更多讨论。

采购和供应链分析

采购者使用许多其他的分析方法来评估供应商和供应链运作。但这些分析方法并不是万能的，只是给企业提供了一些额外的"工具"，可以放入工具包中，帮助企业做出决策。

盈亏平衡分析

盈亏平衡分析包括分析一个项目的成本和收益数据，并找出收益等于成本的点，以及不同生产水平的预期利润或亏损。盈亏平衡分析用于供应管理，可以确定目标采购价格是否让供应商获得了合理的利润。供应商经常以低出价来获得合同。然而，供应商的长期生存能力取决于其获得的利润。

盈亏平衡分析也有助于分析供应商的成本结构。了解供应商运营中涉及的固定成本和可变成本是很重要的。正如前面提到的，理解成本因素是做出有效决策的关键。采购企业可以使用盈亏平衡进行假设分析，并考虑不同的产品数量和采购价格组合。

盈亏平衡分析还有助于采购企业为谈判做准备，预测供应商的定价策略。谈判的准备和成功之间存在着直接的关系。

盈亏平衡分析首先确定价格（P）、预期数量（X）、固定成本（FC）和可变成本（VC）。然后用净收入或损失 $=P\times X-VC\times X-FC$ 或 $P\times X=VC\times X+FC$ 来确定供应商需要生产多少个部件才能实现收支平衡。通过控制不同的变量，企业可以理解不同情况下可能会发生什么。

学习曲线分析

学习曲线，是由于生产者在生产中改善了直接人工成本，进而产生的。学习曲线分析可以帮助谈判，特别是当涉及较长的合同时。此外，学习曲线的曲率是使用直接人工费来计算的，这是比较容易获得的。表3-6列出了曲率为80%的学习曲线。

表 3-6 曲率为 80% 的学习曲线

人工费（美元）	12.0	9.6	7.7	6.1	4.9
材料费（美元）	8.0	8.0	8.0	8.0	8.0
间接费用（人工费的110%）（美元）	13.2	10.6	8.5	6.7	5.4
工厂成本（美元）	33.2	28.2	24.2	20.8	18.3
SGA（工厂成本的10%）（美元）	3.3	2.8	2.4	2.1	1.8
总成本（每单位）（美元）	36.5	31.0	26.6	22.9	20.1
单位数量	2,500.0	5,000.0	10,000.0	20,000.0	40,000.0
合同总成本（美元）	91,250.0	155,000.0	266,000.0	458,000.0	804,000.0

注意在前面的例子中，每次产量翻倍（如从 2,500 个单位到 5,000 个单位）时，人工成本减少了 20%（如曲率为 80% 的学习曲线所示）。合同总成本是单位数量乘以单位总成本。同时也要意识到，在现实中，供应商执行这项任务的次数越多，其他成本下降的可能性就越大。学习曲线效应不仅局限于人工成本。

企业可以在谈判中使用这个评估的结果，要知道供应商生产的产品越多，它的生产效益就越好，因此支付给供应商的价格可以降低。学习曲线分析是一个强大而且相对简单的工具。

数量折扣分析

此工具用于了解供应商报价中各数量之间的成本增量变化。数量折扣分析（Quantity Discount Analysis, QDA）可以验证数量折扣是否合理。利用这一点，采购企业可以与供应商协商价格（见图 3-4）。

	供应商1（美元）	供应商2（美元）	组织内部（美元）
+ 人工费	2.00	2.50	2.25
+ 材料费	1.00	1.50	1.25
+ 分包组件	0.50		
+ 间接费用（以人工费的百分比计算）	2.80	3.13	3.38
+ 工具费	1.00	1.50	0
= 工厂成本	7.30	8.63	6.88
+SGA（以工厂成本的百分比计算）	0.73	0.43	1.03
= 总成本	8.03	9.06	7.91
+ 利润（以总成本的百分比计算）	0.40	0.23	
= 价格（企业支付的）	8.43	9.29	

图 3-4　数量折扣分析

数量折扣分析常常能够揭示增量价格差异间的"过山车"效应。采购者如果能学会询问关于折扣的问题，可能会节省更多的钱。

服务采购分析

采购者有机会可以更好地管理服务支出。许多企业已经开始审计（或雇用顾问来审计）各种支出，如临时人工支出、法律支出、差旅支出和许多其他类别的支出。当采购者进行这种类型的分析时，他们就会意识到可以节省很多开支。表 3-7 是一个虚构的临时人工支出的审计示例。分析的最终结果是，公司为临时人工额外支付的费用约占总收入损失的 1%。

表 3-7　采购服务质量差的影响

服务管理不当的影响	
10,000,000 美元	总收入
1,460,000 美元	服务支出（占总收入的 14.6%）
90,520 美元	超额服务支出（占服务支出的 6.2%），约等于利润损失
2,000,000 美元	20% 的利润率，超额服务支出导致利润减少了约 4.53%（90,520/2,000,000）

采购者可以进行多种类型的供应链分析，尽最大努力保护企业免受财务风险。采购者需要精通与供应商合作所需的分析技巧和关系技巧。

可持续性和道德

本章介绍了可持续供应链管理的概念。此外，采购者必须明白，由于采购负责的资金数额巨大，所以一定要建立相应的道德行为规范，确保资金能被正确地利用，不要使采购方和采购企业陷入声誉受损的境地。

可持续性

环境的可持续性可以定义为在不损害后代满足其自身资源需求的情况下，利用地球资源来满足自己当前的需求。

大多数涉及采购及供应商的环境倡议都处于早期阶段。尽管环境指标被纳入提案请求中，但它们通常是基本的资格要求，而不是决定哪家供应商将获得业务的最终因素。一个日益明显的趋势是，采购方要求供应商提供具体的环境和社会倡议。更常见的情况是，采购方会要求供应商进行环保认证。在某些情况下，供应商会使用环境倡议和目标，作为从采购方那里获得业务的一种方式。在减少产生废物、减少温室气体排放和减少能源消耗方面的创新环境理念正成为采购方和供应商之间日常业务对话的一部分。

包装供应商经常被要求与包装工程师合作，以减少运往填埋场的材料数量。联邦快递一直在与供应商合作，将包装从一次性材料改为可回收材料。百特公司（Baxter）与联邦快递合作开发了一种可以替代航空运输产品的包装材料，既减少了温室气体的排放，又节省了成本。

此外，采购者有许多机会为供应商设定期望并采用可持续性的环境度量标准——采购者可以从供应商群体中学习。在许多情况下，供应商已经在它们的流程中引入了环境指标，以满足其他客户的需求。采购在帮助企业实现可持续发展目标的过程中起着关键的作用。

采购有四个关键的角色，它可以将供应商合并到它的计划中。

1. 收集数据并管理供应商，帮其遵从法规。

2. 与一线供应商（如有必要，与关键的二线供应商）沟通期望。

3. 评估一线供应商在该领域的表现。

4. 确定并实施具体的项目。

当采购优化并合理化其供应商群体后，它也可能意识到有许多供应商已经有良好的环境计划了。这些供应商对于项目和计划也有一些很好的想法，它们可以帮助实施计划。第 6 章讨论了不同方面之间的权衡，采购者必须做出采购决定。以前这些权衡仅仅针对成本、质量和服务，现在还增加了对碳排放的权衡，这使得做出某些采购决定变得更加困难。

供应管理的道德行为准则

供应管理协会为成员制定了一套行为准则。这一行为准则已被许多企业采用，以确保采购方可以负责任行事。这套行为准则有三个供应管理人员必须要遵循的首要原则。

1. 决定和行动要正直。

2. 对雇主有价值。

3. 对职业要忠诚。

根据这些原则制定了 10 个供应管理行为标准（见表 3-8）。

表 3-8 供应管理协会制定的道德标准

不适当性	防止在关系、行为和沟通中出现不道德或有损道德的行为
利益冲突	确保任何个人、业务及其他活动不会与雇主的合法权益发生冲突
负面影响问题	避免出现可能对供应管理决策产生负面影响的行为或行动
对雇主的责任	对雇主的产品进行细心的照料，以承担受托责任和其他责任，从而利用授予的权力为雇主创造价值
供应商与客户的关系	促进积极的供应商和客户的关系
可持续性与社会责任	倡导社会责任和供应管理的可持续性实践
机密和专有信息互惠	保护机密和专有信息
	避免不适当的互惠协议
适用的法律、法规和贸易协定	了解并遵守适用于供应管理的法律、法规和贸易协定
专业技能	发展技能，扩展知识面，开展业务，证明能力并提升供应管理的专业度

小结

本章介绍了供应管理的角色正在转变为更具战略性的贡献者。还介绍了类别采购战略，使采购人员了解如何使用矩阵组合分析来实施战略，并与战略成本管理联系起来。其他战略包括供应商群体的合理化和优化。采购企业必须知道需要多少供应商才能产生一个高效的供应商群体。此外，本章对内包和外包进行了简单的讨论。

本章针对采购过程进行了更多的分析。分析工具可以帮助供应管理人员管理供应商的投标和建议。这些工具也可以帮助采购方在谈判过程中做更好的准备。

最后，本章介绍了可持续发展和道德在供应管理中的重要性。二者都包含了采购过程各个方面的关键部分。

本章的重点包括以下几点。

- 更深入地理解关键的供应管理原则和战略。

- 更多地利用矩阵分析，以了解每个项目类别的采购战略与企业战略之间的关系。

- 了解如何以及为什么对供应商群体进行合理化和优化。

- 确定供应管理在内包（自制）和外包（外购）决策中的作用，以及每种决策的相关风险和收益。

- 培养理解并进行适当的战略成本管理分析和其他采购和供应链分析的能力。

- 找出供应管理在环境可持续性和道德方面的一些关键改进点。

- 本章的最后一个关键点是，想在供应管理中取得成功，需要高度精确的分析技能和优秀的沟通与关系处理技能。

尾注

[1] Monczka, et al., (2011). *Purchasing & Supply Chain Management*. Southwest Publishers: Mason, OH.

[2] Moore, et al., (2002). "Implementing Best Purchasing and Supply Management Practices." Lessons from Innovative Commercial Firms. Documented briefing sponsored by Rand and compiled for the U.S. Air Force.

[3] Monczka, et al. (2011), ibid.

[4] Adapted from Monczka, et al. (2011), ibid.

[5] I SM (2005). "Spend Analysis and Supply Base Rationalization", Institute for Supply Management.

[6] Patterson, S. (2005). "Supply Base Optimization and Integrated Supply Chain Management." Contract Management.

[7] Adapted from Burt, Dobler, Starling (2005); Monczka, et al. (2011); Benton (2007); and Johnson, Leenders, Flynn (2006).

[8] Martin, A. (2013). "Why Rationalize Your Supplier Base?" Ezine Articles.

[9] Adapted from Patterson, S. (2005), ibid.

[10] Monczka, et al (2011), ibid.

[11] Shank, J. and Garvindarajan, 1993.

[12] Uran, the costs of quality.

[13] Ellram article on strategic cost management.

[14] Bureau of Economic Analysis, Producers Price Index.

[15] Investopedia (2013). What Is Break Even Analysis?

[16] Ellram, Tate, Billington (2009). Services: "The Last Frontier." *California Management Review.*

[17] GEMI (2004). Creating Environmental Value at FedEx Express.

[18] Baxter (2012). "Decreasing Environmental Impact of Product Transportation".

[19] ISM, "Ethics and Business Conduct".

04

技术在供应管理和产品流程中的关键作用

本章描述了技术在供应管理中的作用。本章的目标是确定供应管理技术的主要类型及其功能，并讨论供应管理中的新兴技术及其功能。

学习目标

完成本章的学习后，你应该能够：

- 讨论技术在采购中的作用和功能；

- 识别一些不同类型的技术；

- 研究影响供应管理运作的一些趋势。

供应管理技术

今天的供应管理人员期望通过强大的技术来解决他们的业务问题。然而，这些复杂的技术并不总是有效的，还处于不断发展的阶段。技术的早期应用大多是在会计和财务领域，主要作用为跟踪收入并确保按时向供应商支付账单。从 20 世纪 70 年代初开始，信息技术和软件系统被开发和设计出来，它们可用来帮助促进供应链的运作。

物料需求计划及配送需求计划

早期的供应链技术主要是针对内部提出的，其主要目的是帮助管理不断增加的库存。了解目前有哪些产品，以及它们在工厂中的位置，有助于物流和制造管理人员更好地完成运输和生产计划。这些技术包括物料需求计划（Materials Requirements Planning，MRP）和配送需求计划（Distribution Requirements Planning，DRP）。

MRP 是一个运行在计算机上的订购和安排系统，主要用于制造业。它使用材料清单数据、库存数据和主生产计划来预测需要什么材料、什么时候需要，以及需要多少。MRP 是一个推进计划的系统，是一种向后调度的系统。这意味着要先生成计划，然后根据需求列出材料清单，并提出采购请求。它考虑了原材料和半成品的现有库存。

MRP 正在向更先进的制造资源计划（Manufacturing Resources Planning，MRP-Ⅱ）系统过渡。这种新技术包含了制造公司各个方面的计划。其中包括了业务计划、生产计划和调度、能力需求计划、工作成本计算、财务管理和预测。虽然在 MRP-Ⅱ 中做出的决策比在 MRP 中做出的决策更加明智，但是这些决策仍然没被使用，而且没有被传达到供应链以外的其他部门。

DRP 和 MRP 是联系在一起的。DRP 是确定哪些货物、以多少数量、在什么地点和时间来满足预期客户需求的过程。来自 DRP 的库存相关信息将作为总需求输入 MRP，从而估计输入流和生产计划。

即便有了这两个系统，企业可能仍然无法与供应商群体或客户群体相联系，这使得企业很难有效地确定除制造以外的需求。由于无法准确地共享信息，营销和销售、制造和采购之间经常发生冲突。各个部门几乎没有协作，基本都是独立地执行计划来优化各项职能。客户的要求被满足了，但这往往需要以增加库存和增加成本为代价。

电子数据交换

在早期的技术之后，出现了一些更先进的系统，这些系统可以支持电子数据交换（EDI），可以通过电子方式传输客户和供应商信息。今天，EDI 主要基于互联网（基于 Web），许多企业仍在使用它。

早期 EDI 的落地主要是由零售客户驱动的，EDI 被用来帮助企业更好地完成订单流程。EDI 是目前频繁出现在零售市场的、非常先进的销售点系统的雏形。

早期的 EDI 系统实施成本高昂，制造商花了相当长的时间来适应这些系统。不过，现在的 EDI 系统已经进行了改进，并逐步进入整个互联网系统，即使是较小的企业也能负担得起 EDI 基础设施的投资。

在 EDI 发展的早期阶段，实施落地会出现许多障碍。实际上，经常有报告说通过电子方式，虽然数据会从零售商转移到制造商，但是在制造商那里，系统无法接收电子数据并将其发送到所需的数据库中。制造商将通过电子传输的数据合并起来，然后手动输入系统，这样就失去了电子传输的优势。

现在，使用 EDI 的好处有很多。EDI 是如今使用的一些更先进技术的基础。EDI 可以帮企业节省金钱和时间，因为通过通信网络可以将交易信息从一个系统传到另一个系统，避免了一端将数据打印在纸上后处理，另一端负责数据的输入的情况，这种情况在初始阶段非常常见。

开发 EDI 是为了解决基于纸张的交易和其他电子通信形式中固有的问题。EDI 帮助解决了与纸张相关的事务问题，包括时间延迟、高昂的管理成本、数据的准确性和信息访问。

企业资源计划

企业资源计划（Enterprise Resource Planning，ERP）系统随后进入了市场。甲骨文（Oracle）、SAP、杰·德·爱华兹（JD Edwards）和仁科等公司主导了 ERP 销售市场。ERP 的目标是整合所有的业务功能规划和处理流程。对于每个主要的业务功能，ERP 系统都采用筒仓式的业务处理方法，并将数据存储在集中的数据库中（见图 4-1）。例如，ERP 系统中包括材料管理和生产计划模块。ERP 系统使得跟踪跨部门的工作流程变得更加容易，并减少了手动跟踪和使用不同的独立系统复制数据所涉及的操作成本。ERP 系统有很多优点，但也有一些缺点，可能会为具体实施带来阻碍（见表 4-1）。

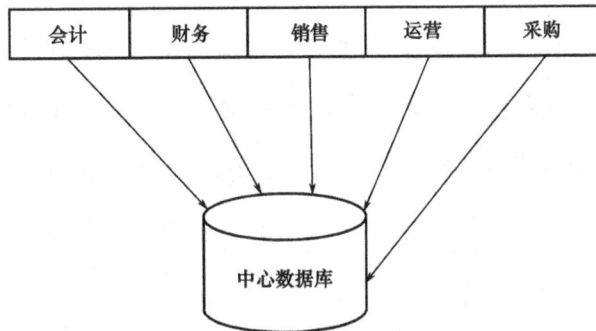

图 4-1 ERP 系统架构

表 4-1 ERP 系统的优缺点

优点	缺点
可见度高	成本高
跨部门协作	需要耗时完成
自动连贯的工作流程	定制的难度和成本高
统一、单一的报告制度	冗长且难以衡量 ROI

续表

优点	缺点
各部门软件系统单一	需要广泛的用户培训
安全性高	数据迁移困难
连接其他系统（即条形码）的能力较好	
商业智能化程度高	
电子商务一体化	

ERP 系统的重点是内部经营业务的方式，但 ERP 系统缺乏与供应商和客户之间的接口。然而，ERP 系统的优点之一是可以与那些能够处理并跟踪基于 web 的订单系统进行电子商务一体化。这是电子采购的早期步骤之一。

互联网为企业及其供应商和客户进入 ERP 系统架起了桥梁。一种被称为电子采购的新技术已经被开发出来（并在不断发展），其功能是更好地管理供应商群体［供应商关系管理（Supplier Relationship Management，SRM）］和客户［客户关系管理（Customer Relationship Management，CRM）］。

SRM 系统的设计目的是增加合同支出管理并强制执行采购指南。SRM 软件可以帮助企业自动化、简化并加速采购商品和服务的过程。SRM 通过中止从采购周期到供应商付款的循环过程，并对采购过程进行管理，从而减少采购成本。SRM 系统可以使操作过程自动化，以减少采购错误，避免手动处理任务，并帮助避免不规范的采购情况产生。SRM 也是建立合作供应商关系并将供应商整合到采购过程中的另一种方式。

CRM 是一种商业战略，旨在理解、预测和响应潜在客户或现有客户的需求。CRM 系统的一个主要目标是跨企业提供统一、整体的客户关系视图。CRM 系统还有助于更好地管理企业与客户的沟通和互动。最后，CRM 系统有助于整合、分析和理解客户数据，以预测客户行为，识别商机，或更好地服务客户，这有助于企业初期更好地完成规划过程。CRM 系统有助于将牛鞭效应最小化。

当今技术

当今技术的目标是实现企业内部和供应链伙伴、客户、供应商之间的协作。销售点系统、射频识别（Radio Frequency Identification，RFID）技术、产品生命周期软件、投标优化和计算机谈判工具现在都可用来帮助促进买方与卖方的交易。

这些新技术还可以通过平板电脑、手机与其他移动设备连接；供应管理人员可以每天 24 小时、每周 7 天不间断地访问世界各地的数据。社交网络，通常被认为是连接不同个体的一种方式，也在慢慢地进入 B2B 市场。供应管理人员可以在企业内部和采购社区中扩展彼此间的关系。

> **举例说明：沃尔玛公司和技术**
>
> 沃尔玛已经成为世界上规模非常大、非常有实力的零售商，其每平方英尺（1 平方英尺 ≈ 0.093 平方米）的销售额、存货周转率和营业利润都很高。沃尔玛的目标是让顾客无论何时何地都可以获得他们想要的商品。沃尔玛专注于优化成本结构，这使其能够为顾客提供低廉的日常价格。补充库存是这一战略背后的关键因素之一。

沃尔玛的成功主要归功于供应商、制造、仓储和配送的有效整合。它的供应链战略有四个关键组成部分：供应商伙伴关系、交叉配送、分销管理、技术和集成。

技术在沃尔玛供应链中扮演着关键的角色，是沃尔玛高效供应链的基础。沃尔玛拥有很大的信息技术基础设施。先进的技术和网络设计，使沃尔玛能够准确预测需求、跟踪和预测库存水平、创建高效的运输路线、管理客户关系和服务、快速响应需求。

沃尔玛设计了一个销售点系统，改善了客户服务，减少了整个供应链的库存，提高了公司的整体竞争力。EDI 是使这一系统能够运作的基础技术。

沃尔玛的供应链合作伙伴能获得许多好处。对于供应商来说，需求是可见的，可将过期库存的数量最小化，可增加整体库存容量，并对容量规划进行改进等。这种网络化的供应链改变了消费品公司、批发商与零售商做生意的方式。

电子采购

电子采购是将技术应用于战略采购过程的一种方式，其通过减少供应冗余、提高速度和灵活性，并最大化企业集中化或去集中化的利益，缩短周期、提高成本绩效并增加竞争优势。

B2B 的市场很大，有很多机会可以合并各类电子采购技术。电子采购使公司能够利用互联网采购工具来提高整体支出的效率和有效性。电子采购包括各种形式，从买方和卖方的电子目录到电子报价请求（RFQ）程序，这些工具可以让买方和卖方在更加便利的网络空间完成商品交易，并根据要求招、投标。

电子采购不仅为买家和卖家提供了交易场所，而且简化了交易流程，增强了交易灵活性，并提高了买卖关系的透明度。电子采购提高了买卖双方信息的准确性和可用性，促进了协作、控制与合规。这类知识有助于进行更明智的谈判和获得更丰富的机会。此外，通过消除处理交易这类机械化的任务，电子采购可以解放采购人员，让他们专注于更具战略性的问题，如全面的供应商筛选、供应商群体的开发和供应商关系管理，将供应商与创新流程连接起来，等等。电子采购在运营和战略上有很多优势（见图4-2）。

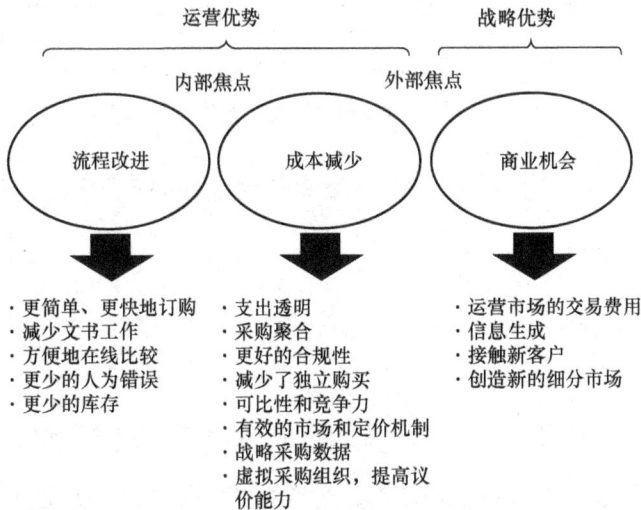

图4-2　电子采购的优势

电子采购工具的适用性因产品或服务的类型而不同。回顾卡拉杰克矩阵，并将解决方案应用于特定类型的商品，可以看出目标不同，解决方案也各不相同（见图4-3）。

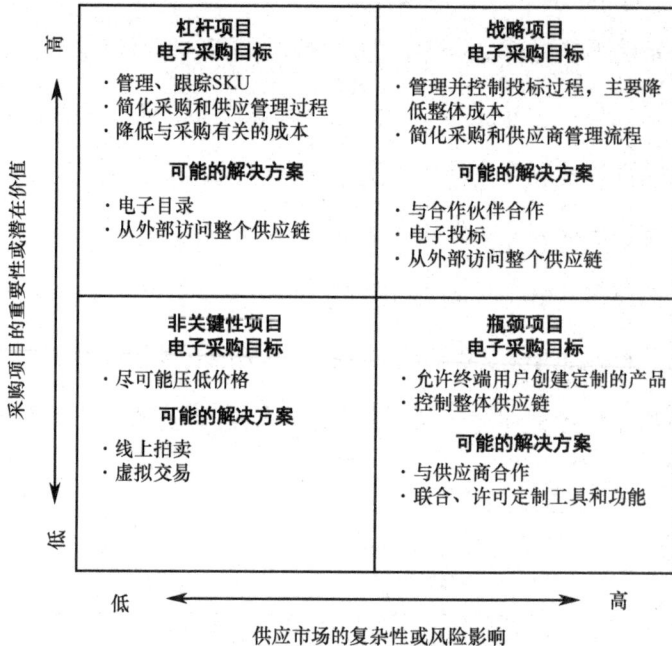

图4-3　卡拉杰克矩阵针对电子采购工具的扩展

电子采购包括很多方面，但主要有三种类型的电子采购业务模型。

1. 卖方系统。

2. 买方系统。

3. 第三方市场系统。

卖方系统包含一个或多个供应商的产品或服务。像阿里巴巴这样的网站就是典型的卖方系统。通常，卖方系统的注册对用户是免费的。供应商保证站点的安全性，买方不需要投资。各家供应商可以轻松访问这类网站。但是，卖方系统无法追踪支出或控制支出。

通用磨坊公司（General Mills）为供应商提供了电子采购卖方系统的培训手册。供应商可以使用该系统来安排会议，审查计分卡和其他绩效指标，查看并响应公开拍卖以及信息和建议请求书。供应商会收到一封包含超链接的电子 RFQ。然后供应商登录系统，表明他们是否愿意合作，并提出具体的要求。在回复的过程中，他们可以和买家（或其他人）聊天。该系统实现了买卖双方的交互。该系统对用户很友好，在用户需要时可以提供技术支持。

买方系统由买方控制。买方系统使供应管理人员能够管理整个采购周期、跟踪支出，并有效地管理合同。这些可能是买方自己设计的，也可能是由电子外包供应商提供的。这些系统需要在初期进行一定的投资。

第三方市场系统既不买也不卖，但其可以帮助促进电子采购过程，从而提高价值。如垂直门户网站专门经营某种商品（如钢材或化学品），而水平门户网站会提供各类商品和服务。随着许多公司通过卖方网站发展自己的网络业务，这类第三方门户网站的使用逐渐减少。

零售业的一个趋势是，企业允许供应商在其网站上销售商品和服务。例如，沃尔玛允许顾客直接从其网站上的供应商那里采购商品。沃尔玛通过电子商务门户网站增加了在线销售量，供应商则获得了更多的曝光。

图 4-4 列出了电子采购的一些其他方面，包括不同类型的目录选项以及与各个项目间的交互程度。电子采购工具有助于简化流程并利用技术来满足企业的需求。供应商关系管理软件使采购人员能够通过合同管理和供应商评估来管理整个采购周期。

多方面的电子采购

电子商品目录	投标	英式拍卖	逆向拍卖	市场交易
·供应商为买方建立目录 ·采购员根据已建立的供应商目录和价格来采购材料和服务	·根据需要将RFQ以电子方式发送给不同的供应商 ·RFQ的响应将通过电子方式接收和评估	·由一个卖方发起的拍卖 ·卖方想出售过剩的产能或生产能力 ·拍卖期间价格上涨 ·支付的价格取决于其他买家的出价 ·大家都知道最终出价	·由一个卖方发起的拍卖 ·买方指定需求,并给多家供应商发送带有时间限制的RFQ ·供应商提交报价,买方可以查看提交的其他报价(已经过滤过) ·另外,卖方可以降低拍卖期间的报价 ·拍卖期间价格下跌 ·大家都知道最终出价	·完善的电子市场,多个买家和卖家可以联系并交换产品(和服务)现货价格 ·市场清算价格取决于供需平衡

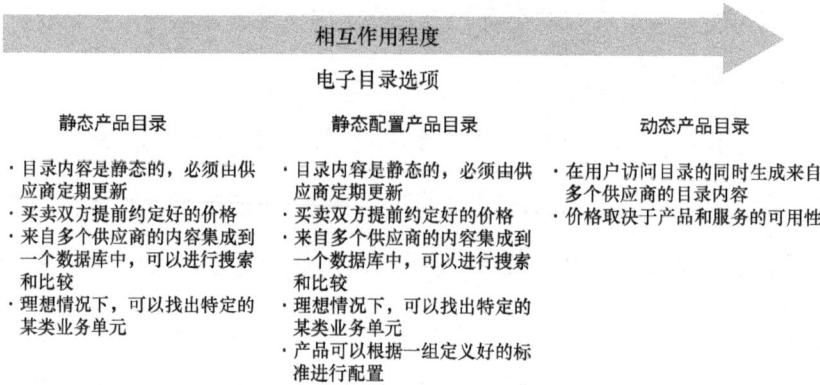

相互作用程度

电子目录选项

静态产品目录	静态配置产品目录	动态产品目录
·目录内容是静态的,必须由供应商定期更新 ·买卖双方提前约定好的价格 ·来自多个供应商的内容集成到一个数据库中,可以进行搜索和比较 ·理想情况下,可以找出特定的某类业务单元	·目录内容是静态的,必须由供应商定期更新 ·买卖双方提前约定好的价格 ·来自多个供应商的内容集成到一个数据库中,可以进行搜索和比较 ·理想情况下,可以找出特定的某类业务单元 ·产品可以根据一组定义好的标准进行配置	·在用户访问目录的同时生成来自多个供应商的目录内容 ·价格取决于产品和服务的可用性

图4-4　电子采购和目录选项

供应商关系管理能力：电子采购模块

　　供应商关系管理（SRM）电子采购模块可以支持前几章讨论的许多采购过程。SRM 系统使采购者可以获得更准确的数据和更多的信息，从而做出改进的决策。其中包括供应商选择、合同管理、合同合规等。SRM 系统是一种可以支持采购管理人员的交互式系统。

　　支出分析（在第 2 章讨论过）是电子采购的一个关键优势。通过合并采购订单和应付账款记录，建立基线后，采购者可以通过以下方式减少支出。

1. 类似的采购项目之间进行合并。

2. 减少供应商的数量。

3. 减少独立开支。

4. 减少其他部门（人力资源、市场和财务）的开支。

5. 开发更有效的合同建立方法。

6. 利用合同降低风险，增加供应保障。

7. 遵守合同费率和非合同费用。

采购在第 1、2、3 和 5 章都会讨论。采购模块可以通过采购过程中的许多步骤帮助企业制定决策。它可以帮助减少采购过程所需的时间，并提高与处理事务相关的效率。使用电子采购工具以后，企业可以在以下方面有所改进。

1. RFQ。企业向一个或多个潜在的供应商提供产品或服务的报价。一般通过 RFQ 可以找到定义明确且可量化的产品详细价格列表。

2. 投标优化。在战略采购过程中使用软件来分析复杂的采购。优化结果是一个满足买方的价格、质量、交付和服务需求的计划，同时允许供应商举债经营其首选的产品。

3. 逆向拍卖。一种通过竞争性投标来压低价格的工具。投标者通常以某种方式进行资格预审，开标后，价格会降低，直到最后有人胜出。

4. 谈判。谈判需要数据和市场分析。电子采购可以支持这一点。

5. 对总成本的分析。正如前面几章提到的，总成本分析需要大量地收集数据。电子采购工具可以帮助分析总成本。

6. 收货和检验。在收到货物后可进行质量和数量验证的工具。

合同管理与合规在第2章和第5章讨论。合同管理对供应管理人员来说是更具挑战性的一项任务。合同管理过程可以确保企业使用标准条款，降低风险，并为所有关键关系建立适当的合同。辅助进行合同管理的电子采购工具，有助于合同的编写、谈判和批准。这些工具还有助于合同管理、企业报告和合同控制。支付情况得到管理，盈利机会就会可见。辅助进行合同管理的电子采购工具使信息在跨业务单元和跨企业的流动中更加透明。

以下是一个有效的合同管理电子采购工具所需要的一些关键功能。

1. 可搜索的中心存储库。这是一种维护和跟踪所有企业合同的功能。企业中任何具有一定安全级别的成员都可以访问这些存储库。

2. 协作功能和基础工作流。这种功能允许多个用户同时输入、更新、跟踪和创建合同和相关的采购。合同的状态可以在任何指定的时间点被跟踪。

3. 监视器和警报。用户可以自己定义在达到什么数值或发生什么情况时发出提醒，比如合同即将到期、客户自动续订、获得了批准或检测到了偏差。可以设置警报，以提醒采购者验证预算合规性，确保适当的供应商监控，或制订供应商开发计划。

4. 报告和分析。报告和分析应该易于操作和具有灵活性。

5. 导入、导出功能和定点集成。手工录入数千份合同既耗时又费钱。此功能有助于减少这种情况，并将用户输入的错误最小化。

6. 角色、权限和安全性。企业中需要查看合同或受合同影响的每个人，都应该拥有访问和使用电子外包合同管理系统的权限。这种工具还应该具有特殊的安全性，以及定义角色、将角色分配给用户，并根据不同用户角色覆盖默认权限。

7. 模板存储库。系统应该有一个存储库，法律和采购团队可以在其中创建通用类别和服务的标准术语、条款和合同，以简化采购和缩短周期。这些模板可以包括工作说明、规范或标准条款和条件。

供应商绩效的评估和控制在第6章会进行讨论。电子采购工具可以帮助监视、评估供应商绩效，并将结果以可视化的方式呈现出来。电子计分卡是根据收集的关于交付、数量、质量和其他方面的数据进行实时计算的。拥有实时数据可以帮助供应商在早期阶段发现问题。电子采购工具可以提供关于变更、过程控制图和质量一致性的报告。

供应商绩效系统还可以对不同供应商的总成本进行比较。这一系统可以提供实时质量和其他绩效情况。当对供应商进行评估时，可以根据历史业绩进行有效且可靠的讨论。

整本书都在讨论总成本问题。总成本的概念在决策中很重要。采购者必须了解与特定供应商做生意的成本，在各个方面做出正确的决策，并帮助降低供应商的风险。这些电子系统可以提供实时数据，使得获取总成本模型中的数据变得更加容易。总成本报告还有助于监测采购价格变化和市场定价。采购价格往往是总成本的最大组成部分，必须谨慎管理。

新兴技术的问题和功能

大量新兴技术的出现和发展，对电子采购的功能有促进作用。下面将讨论这些内容。

社交媒体和手机

一个将继续影响采购领域的趋势是，人们开始使用领英等专业社交平台。领英是较大的职业社交平台，专业人士可以利用这一平台与企业内外的其他供应管理人员联系并分享想法。采购方和供应商都可以利用这类网站来获得业务优势。采购方和供应商都可以从各种还未开发的市场中与他人建立联系。

领英等平台也允许用户在社交媒体上提出问题、发布工作岗位以及进行其他专业活动。用户也可以通过领英的消息推送功能实现口碑推荐。领英上还有很多特殊的兴趣小组，包括供应链管理专业协会（CSCMP），它目前大约有 3 万名成员。领英上有很多特定的采购群体，可以通过搜索找到潜在用户，看看他们感兴趣的是什么。

此外，还有一些博客（Blog）也是可以合作的，这类博客的关注点是采购管理领域。例如，Forrestor 是一个针对采购和供应商管理专业人员的博客，它帮助采购人员了解专业人员面临的特定问题。这类博客汇总了为采购和供应商管理提供专家服务的分析师的文章。这些博客是供应管理人员获取即时信息和想法的另一种平台。

Twitter 是一种在线社交网络平台，提供的是微型博客服务，用户可以发送和阅读包含较少字符的文本消息。采购和供应管理的一些企业也开始使用 Twitter，但是目前 B2B 企业中使用 Twitter 的相对较少。

航运行业有许多僵化、过时的谈判规则。实际上，合同不必写出这些规则，这些规则是通过谈判过程而"固定"下来的。在过去，所有这些谈判不是面对面就是通过电话进行。如今，短信、电子邮件和其他新的交流方式正开始取代电话（或传真）。

通过云战略实现新的全球采购模式

随着云解决方案的落地，采购环境将从静态向动态转变。云盘是基于互联网的，用户可以用云盘共享软件和其他信息，然后根据需求将这些信息提供给计算机和移动设备。Dropbox 是一个通用的云服务。常见的云服务是由一方将数据上传到云盘，其他人可以从任何地方访问这些数据。

"云"分为"私有云"和"公有云"。"公有云"会向互联网上的任何人出售服务，而"私有云"是私有的网络或数据中心，只会为有限的人提供托管服务。在防火墙系统下，将应用程序转移到云盘中是很重要的。然而，仍然有许多与云盘中数据相关的风险问题。数据安全已经成了一个关键问题。

全球化和大数据分析

这种通过移动和社交网络技术实现的高度互联环境，正在彻底改变采购的角色。企业的可用数据量呈指数级增长。这既是机遇，也是威胁。能够利用数据并提供跨多个平台的信息集成的技术可以帮企业获得业务优势。然而，数据安全威胁已经出现，企业必须寻找更好的管理和规范数据使用的方法。

用户希望随时随地都能访问电子采购系统。用户还希望将信息发送到任何移动设备，包括手机、iPad 和笔记本电脑。系统中数据的可访问性和可用性正在成为主流趋势，这对数据提供者来说依然是一个挑战。

使用这些系统来帮助企业理解最佳的业务实践，无论文化、业务规范、基础设施和法律体系如何，所面临的挑战都是收集和共享这些最佳的企业实践，并给出一些约束条件。

供应链内部和外部的连通性仍然是一个挑战。企业通过供应链连接不同的实体可以提高效率，从而获得竞争优势。企业可以创建门户网站来增强采购方和供应商之间的沟通。然而，由于共享这些信息的要求，很多供应商可能不愿意使用这类门户网站。另外，在内部采购已经成为一种跨职能的角色，这意味着许多业务部门都希望拥有使用电子采购工具的权限。

然而，由于需要对内部和外部的数据进行集成，所以电子采购工具必须对用户友好，能简化流程并减少不必要的步骤。

技术集成是自第一个 MRP 或 DRP 系统实施以来企业所面临的问题。有许多附加组件包负责执行特定的任务，或者很多保留系统会被合并到业务流程中，无法更改或消除。其中一个技术趋势是将这些技术轻松地集成到一个更易于管理的软件包中，而不增加实施时间和成本。

最后，随着技术集成领域的不断发展，更好的决策支持工具成了必需品。采购者必须时刻注意能够对业务策略有所帮助的新功能。这些新功能可能以技术或供应商创新的形式出现。利用技术来运用内部和外部知识是战略成功的关键。

小结

本章的目标是更好地理解技术在供应管理中的作用、明确供应管理工具的许多关键类别及其功能。随着社交网络和云服务在 B2B 中扮演的角色越来越重要，本章对新兴趋势和技术进行了评估。

以下是本章的要点。

- 讨论技术在采购中的作用。

- 明确不同类型的技术的特点和作用。

- 研究影响供应管理的一些趋势，并了解这些趋势如何影响企业。

尾注

[1] Lean-Manufacturing: Japan. "Material Requirements Planning".

[2] Business Dictionary (2013). Material requirements planning (MRP-MRPI).

[3] Business Dictionary (2013). Manufacturing Resource Planning (MRP-II).

[4] Business Dictionary (2013). Distribution Requirement Planning (DRP-I).

[5] Tech Terms. "EDI".

[6] Reference for Business. Electronic Data Interchange.

[7] Singleton, D. "Compare Enterprise Resource Planning Software".

[8] NMA Technology. "What Is an ERP System?".

[9] Rajesh, K., "Advantages and Disadvantages of ERP Systems".

[10] Ibid.

[11] Dominick, C. "What is esourcing and how can it help you?".

[12] SAP (2013). Supplier Relationship Management Software.

[13] CRM Landmark (2013). CRM and software as a service glossary.

[14] Fishman, C. (2006). *The Wal-Mart Effect: How the World's Most Powerful Company Really Works—and How It's Transforming the American Economy*. Penguin Books.

[15] University of San Francisco, online education resources. "Walmart: Keys to Successful Supply Chain Management".

[16] Burt, David N., Dobler, Donald W., and Starling, Stephen L. (2003). *World Class Supply Management*, 7th Edition. McGraw−Hill: New York.

[17] Flynn, Anna E. (2004). "Developing and Implementing E−Sourcing Strategy." CAPS Research Critical Issues Report, September.

[18] Booz−Allen and Hamilton (2000). "E−sourcing: 21st Century Purchasing".

[19] Booz−Allen, ibid.

[20] Booz−Allen, ibid.

[21] Monczka, et al. (2011), ibid.

[22] General Mills, World−wide Sourcing, esourcing Supplier Guides.

[23] Booz−Allen, ibid.

[24] esourcing wiki. Contract management and compliance. Contract management 101. A Total Value Management Introduction.

[25] LinkedIn. Accessed September 14, 2013.

[26] LinkedIn. Accessed September 14, 2013.

[27] Forrester.

[28] Twitter.

[29] Dropbox.

05

在全球范围内定义采购的要求和挑战

本章阐述了全球采购的基本问题和降低风险所需的步骤。本章更深入地讨论了与风险有关的一些问题，并指出了全球采购和国内采购之间的许多区别，以及两者之间的一些关键决策标准。

学习目标

完成本章的学习后，你应该能够：

• 理解全球采购和国内采购之间的细微差别；

• 描述全球采购的关键要素、风险和优势；

• 确定在整个产品和服务生命周期的地理位置决策中所需的定性和定量数据；

• 进一步开发考虑了供应中断问题的总持有成本模型；

• 解释全球采购固有的地理和采购风险，以及如何降低供应链风险和供应中断问题；

• 描述管理全球供应商合同合规和绩效方面的挑战和陷阱。

全球采购简介

过去 10 年，美国对前 20 家贸易伙伴的全球采购量大幅增加。近几年全球采购的制成品和服务列于表 5-1。请注意，仅有一小部分地区和国家具有贸易顺差（盈余）。此外，在美国，出口继续增加，但进口在过去 5 年保持相对稳定。中国在过去 10 年出口有大幅攀升。

表 5-1 部分地区和国家的进出口贸易情况

	进出口 （百万美元）	2007 年	2008 年	2009 年	2010 年	2011 年
亚洲、太平洋	出口	549,250	581,845	512,760	635,072	714,848
	进口	−976,849	−978,636	−822,513	−982,544	−1,072,104
	合计	−427,599	−396,791	−309,753	−347,472	−357,256
非洲	出口	41,570	49,722	42,704	49,602	57,779
	进口	−100,291	−122,702	−71,496	−94,559	−103,957
	合计	−58,721	−72,980	−28,792	−44,957	−46,178
澳洲	出口	47,226	52,764	44,509	54,394	65,178
	进口	−25,219	−24,327	−19,696	−24,217	−24,113
	合计	22,007	28,437	24,813	30,177	41,065
欧洲	出口	899,025	949,564	749,178	785,415	878,014
	进口	−933,795	−962,184	−716,762	−788,438	−882,167
	合计	−34,770	−12,620	32,416	−3,023	−4,153
南美和中美洲	出口	327,333	377,255	321,335	395,933	475,911
	进口	−398,887	−432,767	−332,644	−407,817	−484,365
	合计	−71,554	−55,512	−11,309	−11,884	−8,454
美国	出口	1,654,561	1,842,682	1,575,037	1,837,577	2,105,045
	进口	−3,083,637	−3,207,834	−2,427,804	−2,835,620	−3,182,655
	合计	−1,429,076	−1,365,152	−852,767	−998,043	−1,077,610
加拿大	出口	337,891	363,438	282,460	350,074	401,269
	进口	−295,106	−331,841	−356,441	−369,648	−390,437
	合计	42,785	31,597	−73,981	−19,574	10,832
中国	出口	85,846	96,358	95,488	126,649	143,051
	进口	−216,767	−272,295	−331,378	−378,414	−400,564
	合计	−130,921	−175,937	−235,890	−251,765	−257,513
巴西	出口	46,351	59,598	50,931	67,622	81,692

续表

	进出口 （百万美元）	2007 年	2008 年	2009 年	2010 年	2011 年
巴西	进口	−35,309	−42,489	−29,591	−33,424	−43,358
	合计	11,042	17,109	21,340	34,198	38,604
印度	出口	27,631	32,014	30,208	34,725	39,241
	进口	−19,223	− 25,261	−30,864	−35,891	−40,006
	合计	8,408	6,753	−656	−1,166	−765
日本	出口	131,126	135,821	118,288	129,831	138,819
	进口	−203,747	−175,811	−175,470	−170,514	−198,104
	合计	−72,621	−39,990	−57,182	−40,683	−59,285
墨西哥	出口	177,131	191,966	162,529	200,849	239,429
	进口	−247,978	−254,745	−207,126	−260,079	−295,235
	合计	−70,847	−62,779	−44,597	−59,230	−55,806
欧盟	出口	780,382	805,999	639,614	660,643	726,049
	进口	−816,174	−809,288	− 608,956	−666,235	−736,328
	合计	−35,792	−3,289	30,658	−5,592	−10,279
中东	出口	76,192	88,776	73,109	81,504	100,235
	进口	−111,253	−147,121	−89,326	−103,151	−132,982
	合计	−35,061	−58,345	−16,217	−21,647	−32,747

对于采购来说，随着时间的推移，从一些国家（如中国）的进口有了显著的增长，而对其的出口却没有以同样的速度增长（见表5-2）。其他地方，如墨西哥，在过去的十年里已经不再受各国欢迎了。虽然，它是美国企业经常考虑的重新上岸或近岸的国家之一。其他有趣的地方还有印度和非洲。只要看一下进出口随时间变化的情况，采购者就可以对每个国家或地区进行深入的分析。即使是那些被认为不适合贸易的国家，对美国的进口和出口也出现了显著增长。例如，美国与沙特阿拉伯的贸易在过去十年中几乎翻了两番。采购在决定哪些地区对供应商更有利的

方面起着关键作用。

表5-2　美国与印度、中国、非洲、沙特阿拉伯的商品贸易（出口和进口）

美国与印度的商品贸易（单位：美元）					
出口	14,968.80	17,682.10	16,441.40	19,248.90	21,503.50	22,105.50
进口	24,073.30	25,704.40	21,166.00	29,532.90	36,155.50	40,514.10
平衡	49,104.50	48,022.30	44,724.60	410,284.00	414,652.00	418,408.60
美国与中国的商品贸易（单位：美元）					
出口	62,936.90	69,732.80	69,496.70	91,911.10	103,986.50	110,483.60
进口	321,442.90	337,772.60	296,373.90	364,952.60	399,378.90	425,578.90
平衡	4258,506.00	4268,039.80	4226,877.20	4273,041.50	4295,392.40	4315,095.30
美国与非洲的商品贸易（单位：美元）					
出口	23,425.80	28,392.70	24,329.50	28,339.90	32,841.30	32,737.50
进口	92,013.10	113,495.60	62,403.60	85,008.10	93,009.10	66,817.10
平衡	468,587.30	485,102.90	438,074.10	456,668.20	460,167.80	434,079.60
美国与沙特阿拉伯的商品贸易（单位：美元）					
出口	10,395.90	12,484.20	10,792.20	11,506.20	13,826.60	17,972.00
进口	35,626.00	54,747.40	22,053.10	31,412.80	47,476.30	55,666.30
平衡	425,230.10	442,263.20	411,260.90	419,806.60	433,649.70	437,694.90

　　第1章和第2章都讨论了一些决定合适的供应商位置的策略，以及如何识别和筛选供应商。采购的一个目标就是降低成本。选择劳动力成本较低的地区是一种策略，这可以帮助企业保持竞争力并在竞争激烈的市场中生存下来。然而，低劳动力成本或新兴地区可能增加其他方面的成本，如运输方面的成本。供应商选择特定的地理位置通常是为了保持其自身的竞争优势，引入价格竞争，进入潜在的新客户市场，或者对其他公司的选择做出回应。

　　全球采购为供应管理人员提供了很多机会。然而，全球采购的潜在回报与风险和挑战并存，这些风险和挑战来自全球采购的快速增长、对当前流程的控制不够以及管理技术接口的难度。因此，供应管理人员必须认识到世界其他地区也有机会，但可以使用前面章节讨论的工具、方法和流程仔细评估这些机会。

利用遍布全球各地的供应商群体，并与多个供应商建立联系，从而在成本控制、产品质量、交付速度等方面为终端客户提供更多的价值，帮助供应管理人员在企业中扮演战略角色并获得竞争优势。正如第 4 章提到的，互联网和其他技术的改善已经加速了全球采购的趋势，使资源选择变得更加容易，并减少了沟通问题。运输和通信速度的提高有助于"缩小"全球版图。

在未来的几年里，B2B 交互中的云服务和移动网络预计将呈指数级增长，使得全球各地都可以即时访问数据。社交媒体、博客和论坛的使用预计将对采购决策过程产生影响。世界上许多地区只做某些领域的业务，供应商变得垂直专业化。采购者可以使用社交媒体、博客和论坛来跟上这种趋势。

管理全球供应网络在供应来源鉴定和评价、国际物流和国家基础设施、通信和信息系统失调、改变费用结构和汇率等方面提出了若干挑战。全球采购也产生了一些在国内采购中不一定存在的风险因素。

全球采购

使用境外供应商的根本原因是，企业认为从境外供应商那里获得的价值比从境内供应商那里获得的价值更高。供应商的竞争力受到国家整体竞争力的影响。如前几章所述，有必要对不同的选择进行全面的分析。

实施全球采购战略所需要的知识和分析水平远远超过实施国内采购战略。

全球采购的优势

使全球采购显得有吸引力的具体因素因国而异，也会随时间变化。美元走强使离岸商品价格更具吸引力。接下来将讨论选择离岸供应商作为首选采购来源的一些主要原因。

> **举例说明：位置决策的变化**
>
> 以前，人们认为日本产品的质量一般。后来，日本大力改善用户对自己的认知，聘请了戴明（Deming）和朱兰（Juran）等质量专家，帮助其提高质量水平，并利用国际市场的增长。在很短的时间后，日本的产品就被普遍认为优于世界其他地区的产品。很快，美国失去了它在高科技产品上的大部分市场份额，包括手机、计算机、电视等。日本人找到了通过提高质量来改进产品的方法，并获得了显著的竞争优势。如今，很多消费者都拥有一些日本产品。

国内无法获得某些物资

物资供应是国际贸易最初的原因之一，可以想一想克里斯托弗·哥伦布。诸如可可、咖啡、香料、水果、铬等只能从某些国家采购。还有许多其他资源，如熟练的劳动力和管理，只能在世界的某些地区获得。例如，苹果公司最近将一款产品的生产移回美国。此举与该公司目前的经营策略截然不同。尽管这只是一小部分业务，但是因为美国没有足够的训练有素的工程师来支持其需要的生产水平，所以某个目标区域拥有大量受过高等教育的工程师，有助于支持其生产需求。

价格和总成本优势

海外供应商能够以低于国内供应商的总成本提供产品，这是企业在全球采购的一个关键原因。某些地区具有成本优势有许多原因。供应管理人员必须注意，需要关注的不仅是采购价格，而是企业的总成本。他们必须意识到因监管、运输、税收和其他方面而增加的额外成本。在海外地区，质量成本也可能很高。具体的成本因素将在本章后面的部分进行讨论，一般来说，使总成本较低的一些成本因素如下。

1. 劳动力成本大幅降低。

2. 有利于全球采购的汇率。

3. 各种更高效的设备、技术和流程。

4. 供应商价格模型，特别是支持特定类型产品的区域生产。

政府压力和贸易条例

贸易激励或限制条款可能会影响有关货源地点的决策。配额、互惠贸易、双边贸易协议、补偿等因素都会影响与采购来源有关的决策。很多规定和条例（如货币），有随时间波动的趋势，这取决于美国与其他国家的政治关系。很多时候，这些法规特别关注环境或土地使用问题。例如，一家实木家具制造商最终要求对所有来自其他国家的集装箱进行熏蒸，以去除非美国本土的甲虫。熏蒸工作、认证工作和所有其他相关的工作大幅增加了与供应商合作的成本。

质量

在某些情况下，与国内供应商相比，海外供应商的质量可能差不多或更好。许多离岸企业要求员工"第一次就要把质量做好"，其质量体系以及这些体系的管理都是世界顶尖的。

关于质量的问题是，如果出现问题，可能会产生什么费用，退回物品的流程是什么，供应商是否有义务提供修理用的备件？因为与退货有关的航运成本费用是过高的，所以通常情况下，最好是在现场维修这些物品，或者干脆降级或处理这些物品，然后向供应商收取费用。

接收备件和硬件往往在很多方面具有一定的挑战性，而且成本高昂。有可能保持这些物品的库存水平吗？这样做可能带来的相关成本是多少？更换或修理零件会增加多少人工成本？这些只是离岸外包比国内采购更具挑战性的一些需要考虑的问题，离岸外包提高了与特定供应商做生意的成本。将质量维持在适当的水平上是一件困难的事情，企业已经尝试了许多不同的方法，包括将自己的员工放在供应商那里。

更快的交货和持续的供应

即使运输链条很长，有时也可以保证供应的持续性，实现更快的交付。全球各地的供应商通常会持有额外的库存，以确保产品在需要的时候可以发货。许多发展中国家还大力投资改善基础设施，以促进产品的流通。

此外，一些地区还建立了自由贸易区，以方便货物的流通。

市场营销工具

许多发展中国家也有一个庞大的新兴客户群。通过全球采购，一家企业可以获得一定的市场份额。对于企业来说，进入市场尝试接触新的客户群是有意义的。供应商的员工也会开始谈论采购企业，在有需要的时候可能就会采购采购企业的产品。

竞争实力

海外供应商可能有助于将竞争引入（从而降低价格）现有供应商。与境外供应商做生意可能有较低的总成本，可能有利于采购方与其他地区的供应商谈判。例如，与其他地区的供应商合作完成一个低价格但高风险的总成本模型，有助于在与美国供应商谈判时降低价格。

全球采购的劣势

全球采购也存在许多潜在的问题。采购者必须考虑总成本，不能只关注最低采购价格。跨职能团队是必需的，以确保离岸供应商可以达到预期的水平。需要对那些使用前几章提到的工具的供应商进行彻底的分析。接下来将讨论其他潜在的问题。

采购来源的地理位置与评估

如果采购的花费和风险水平很高，那么对供应商进行现场参访是必要的。当然,这增加了与潜在供应商合作的成本,因为出差可能需要预算。进行现场参访时,要考虑参访的频率,这也是总成本的一部分。

企业需要像评估国内供应商那样来评估国际供应商,不要对供应商的能力做任何假设。针对特定地点进行风险评估也是必要的。媒体报道过很多案例:由于没有对供应商进行适当的筛选,某些公司在工作场所严重侵犯了工人的权利,这会造成一些损失。

备货时间和配送

扩展的产品配送渠道增加了协调材料的难度。采购人员必须与供应商、货运代理和运输公司密切合作,因为他们需要知道产品的位置和预计的到货时间。其他计划外的延误,如海关、关税、规章制度和港口作业可能会造成意料之外的问题。改变生产计划和加快生产速度显然更具有挑战性。在某些情况下,使用 4.5 米高的集装箱可能更有效率。然而,在一些国家,基础设施不支持移动这些大集装箱。例如,在某国,一名工人被雇来用一根棍子把电线推上去,这样一些比较高的卡车才可以通过。

政治、劳动力和安全问题

有些国家在从当地供应商那里采购之前还需要考虑其他问题。假冒商品和不安全商品使得供应中断的风险加大。风险和意外事件管理策略在全球经济中非常重要。

21 世纪初,公海上出现了"海盗"的概念。运输船只在经过一些地方时既困难又危险。即使船员们接受过训练，以应对船只的入侵，这种入侵往往会造成很多人员伤亡，因为他们需要保护货物。经济体崩溃也会对供应链造成严重的破坏。

隐形成本

正如前面多次提到的，采购方必须意识到潜在的隐形成本，这些成本会影响与供应商合作的总成本。在成本方面也可能存在显著的差异，从而导致总成本出现波动。例如，随着时间的推移，由于燃料成本的增加，运输成本显著增加（见图 5-1）。海关文件的变更经常导致延误或费用增加，货币波动可能会对采购产生重大影响。许多其他潜在的隐形成本也存在。采购人员和采购团队必须对具体的国家、具体的商品和具体的供应商进行全面、细致的分析。例如，图 5-1 显示了柴油价格是如何随时间变化，从而影响总成本的。

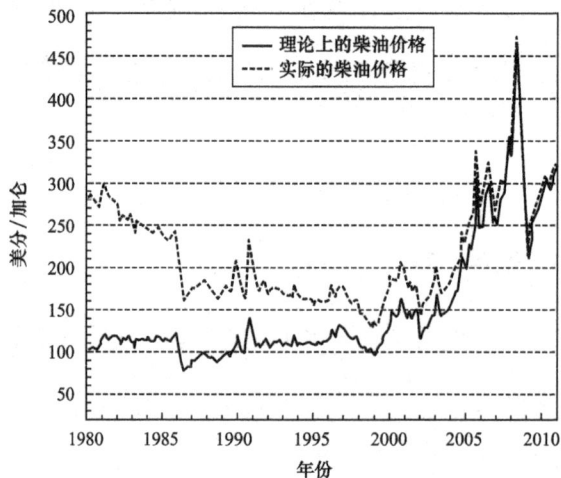

注：1加仑≈3.79升。

图 5-1　每年柴油价格

质量、担保、索赔和更换零件

质量的波动也会对总成本产生重大影响。如果质量出现了问题，并且部件不符合质量标准，就很难像前面讨论的那样进行远距离退货。公司必须事先明确讨论各种选择：谁将为产品的维修、降级或处理买单？这些必须在合同谈判中说明，所有的要求必须在合同中明确指出。

语言、交流、文化和社会习俗

同样的词语，在不同的国家有不同的含义，如何描述就是至关重要的。当使用电子沟通工具（电子邮件和短信）时，由于沟通的速度在加快，问题也会加剧，而且还存在时差问题和通信网络问题。在对国家进行全面分析时，必须考虑语言上的差异。使用翻译可能会增加额外的合作成本。不过如果双方不能很好地理解合同，没有翻译可能反而会增加更多的费用。对采购者进行有关国家文化方面差异的教育，对采购企业来说也可能具有很高的成本。文化和社会习俗因地域而异。在确定决策之前，一定要了解这些习俗。

举例说明：文化差异性

在全球环境下做生意是具有挑战性的，因为采购者必须了解如何在不同的文化环境下做生意。理解会议、谈判、吃饭等过程中对方的预期可以让采购者在竞争中脱颖而出。

守时的重要性是不分国界的。在一些国家（如德国），希望每次会议都能准时开始和结束；在另一些国家（如巴西），会议可能开始

得较晚，结束得也较晚。因为在巴西，人们认为关系远比时间更重要。当大家对时间的态度更加灵活时，采购者就不会感到懊恼。

某些国家的女性较少参与商业活动。派往这些国家的代表团需要仔细考虑这一点。如是根据成就、业绩记录或技术能力来选择代表团，那么可能是不合适的。

在一些国家，尊重和关系是很重要的。一个人需要尊重资历比他更深的人，最好不要公开反对别人，因为他可能会"丢脸"。因此，商务名片应该在会议开始时进行正式交换。对于美国的文化来说，名片代表的仅仅是一个人，年龄、资历和教育背景才是识别一个人的关键。

由于文化的原因，各地有许多差异。有些事情可能没有提前想过，却会对谈判甚至合作关系产生灾难性的影响。所以，花点时间从网站上、资料中彻底了解地方文化是有益处的。

道德、社会和环境责任

法律法规可以监督供应商和采购方的行为。例如，1977 年美国通过的《反海外腐败法》禁止美国企业向外国政府官员行贿以获取特殊利益。很多企业也公布了它们的企业社会责任。对于全球贸易和供应链实践来说，还需要对企业进行一些正式的监测和测量。供应链的可见性和可靠性在全球环境中越来越重要。许多企业还针对供应商群体制定了一套行为准则，要求供应商遵守这些准则。由于电子等行业中有许多大家熟知的问题，所以目前已经制定了一些具体的行为准则。例如，表 5-3 列出了电子行业行为准则（Electronic Industry Code of Conduct，EICC）的主要组成部分和相关的供应商职责。

表 5-3　EICC 的主要组成部分和相关的供应商职责

EICC
行为准则为绩效和合规性提供了指导方针，其中包括关键的企业社会责任。EICC 提供了审计合规性的工具，帮助企业汇报进展。 　　准则由五个部分组成。A、B 和 C 部分分别概述了劳动力、健康和安全，以及环境方面的标准；D 部分说明了与商业道德有关的标准；E 部分概述了管理整合性系统的要素。 　　以下是与 EICC 相关的供应商职责。 ● 第一阶段：企业评估。 ● 第二阶段：自我评估和培训。 ● 第三阶段：验证审计。

地理位置的决策——直接与海外供应商交易

直接与海外供应商交易可以获得较低的采购价格，因为它消除了中介相关的差价（将另一个潜在的成本因素添加到总成本模型中）。然而，这种模式还需要考虑对路程、通信、物流等成本要素进行跨国解释和沟通，这些要素会产生额外的成本。企业只有在仔细评估全球和国内现有的机会之后，才能决定是在全球还是国内选择采购供应商。采购者需要学会预测问题。

在进行供应商选择之前，必须了解两个重要问题：国家和地区的稳定性，以及供应商的财务状况。你可以从邓白氏（Dun & Bradstreet，D&B）这类企业那里购买特定地区和特定供应商的信息。然而，在向特定的全球供应商做出承诺之前，还有许多其他问题需要回答。包括但不限于以下内容。

1. 是否存在需要考虑的政治或货币稳定问题？

2. 交易所需的文件是什么？

3. 运输和配送的基础设施有多发达？

4. 是否有特定的习俗或节日会影响供应？

5. 当前的质量标准是什么？

6. 贸易和产品责任政策会影响业务吗？

7. 现有的法规是否可能限制产品或服务的销售？

8. 是否有代理可以帮助促成合同？

邓白氏（D&B）国家风险指标

D&B 公司的 DB 风险指标对在不同国家做生意的风险进行了比较和跨境评估。本质上，该指标概括了各种因素可能对出口支付和投资回报造成的风险。

DB 风险指标由四个主要风险类别的综合指数组成。

政治风险

内部和外部的安全形势、政策能力和一致性以及其他诸如此类的因素，决定了一个国家是否能建立一个稳定的商业环境。

商业风险

合同的严肃性、司法权力、监管透明度、系统性腐败程度等因素决定了商业环境是否有利于商业交易的进行。

宏观经济风险

通货膨胀率、财政赤字、货币供应增长等宏观经济因素，决定了一个国家能否实现可持续的经济增长，并增加相应的商业机会。

外部风险

经常项目平衡、资本流动、外汇储备、外债规模等因素决定了一个国家能否产生足够的外汇来偿还其贸易和国外投资债务。

文化准备

如前几章所述，同世界其他地区的供应商谈判与同国内的供应商谈判有一些特殊的细微差别。与全球供应商谈判能否成功，在很大程度上取决于谈判者理解全球供应商代表的需求、思维方式和行为方式的能力。在一个国家被认为合乎道德的事情，可能在另一个国家就不符合道德规范了。履行承诺、送礼的含义，甚至法律制度在不同国家都有很大的差异。除了常规的谈判准备（在前面的章节讨论过），对文化进行广泛的研究也很重要。采购者计划开展业务的国家不同，所需的文化准备也不同。

技术及商业分析

在与供应商进行交易之前，必须仔细准备额外的一些项目，然后再和供应商进行讨论，这些项目包括以下这些。

1. 规格和图示。确保所有规格都清晰易懂，包括工程变更管理要求。许多企业都很难针对规格进行变更。一家公司的工程部往往会不断地与海外供应商联系变更规格。这些变更有时很小，有时很大。最终供应商的设备中可能还有很多过时的产品，却又无法降低价格。

2. 样品或照片。准备样品和照片，来帮助沟通采购物品的细节。俗话说："一图胜千言。"同样的话，在不同的语境下表达的意思不同。

3. 质量要求。仔细准备合适的质量要求。目前，全球供应商有一种"过度指定"质量要求的趋势。这种做法不符合供应商或采购方的最佳利益，因为最终会导致成本增加。现实一些吧。是否真的需要98.5%的质量规格？还是说对于这种特殊的商品，达到85%的质量规格就可以了？

4. 时间要求。了解组件或产品的具体生产时间和需求。应该考虑生产计划、需求预测和其他时间安排信息。此外，还要考虑生产和运输所涉及的交货时间。讨论一下在未来多长时间内这个时间表是"固定的"，当出现紧急订单时会发生什么。

5. 海外生产与国内生产。这类项目的年度需求是什么，全球采购与国内采购的比例如何？这需要与配送中心管理人员、库存控制管理人员等进行讨论，以确定最佳策略，将风险降到最低。

6. 包装。由于运输距离增加，可能需要额外增加包装，以保护产品在运输过程中不被损坏。在一些国家，有些道路可能会崎岖不平，这可能会使更多产品在运输途中损坏。海运集装箱可能由于被多次搬运，对产品造成二次损害。所以，企业不用在包装方面投入过多，但也不要在包装上投入过少。

7. 定价。在与供应商进行讨论之前，要考虑定价目标。这应该是谈判计划的一部分。一家制造商首次将一项产品的生产外包出去。这家制造商收集了一些与总成本因素有关的数据，然后询问供应商每个项目的价格。供应商的回答是：你想要的价格是多少？这意味着制造商需要了解成本结构和材料成本。

货币及付款事宜

汇率会对总成本产生很大的影响。至少在以下两种情况下，缺乏固定汇率会产生问题。

如果合同要求用外币（如欧元）支付，并且在合同履行期间发生了汇率变动，则可能出现以下情况。

例如，合同金额为 10 万欧元，合同签订时的汇率为 1 美元 = 0.75 欧元。以美元计算的成本约为 13.3 万美元。

如果美元升值，1 美元可兑 0.85 欧元，情况就会改变。在这种情况下，美国的采购方将会受益，但供应商不会因此受益。此时以美元计算的成本约为 11.8 万美元。

如果美元下跌，如 1 美元仅能兑 0.65 欧元，采购方的情况就会发生变化。然而，对供应商来说情况没有变好或变坏。此时以美元计算的采购成本约为 15.4 万美元。

如你所见，汇率会对合同产生重大影响，采购方必须认识到这一点。

总持有成本

总持有成本已经在本章和其他章节多次提到。重要的是，所有的成本因素都已确定，这些因素可能对在特定地点与特定供应商开展业务产生重大影响。总持有成本的分析，应包括国内供应商和全球供应商之间的成本因素比较。表 5-4 所示为在四个不同国家和地区中，小型发动机引擎的总持有成本比较。这部分的问题主要是该公司希望控制和减轻风险，尤其是与供应中断和环境相关的风险。

表 5-4　不同环境下的总持有成本

单位：美元

	中国 （集装箱）	东欧 （集装箱）	西欧 （集装箱）	美国 （每个）
单价（小型发动机引擎）	42,000.00	60,000.00	85,000.00	120.00
包装费	2,000.00	2,500.00	1,750.00	1.00
工具费	100.00	75.00	125.00	0.025
内陆运输费	200.00	750.00	200.00	5.20
海上运输费	3,000.00	4,500.00	3,500.00	
货运生产费	200.00	400.00	100.00	
保险费	420.00	600.00	850.00	
经纪人佣金	400.00	400.00	400.00	
运输费	250.00	250.00	250.00	
行政管理费	150.00	200.000	75.000	
美国港口手续费	1,500.00	1,500.00	1,500.00	
关税	2,100.00	3,000.00	4,250.00	
经纪公司 2	500.00	500.00	500.00	
至埃文代尔港口费用	1,500.00	1,500.00	1,500.00	
资本成本	840.00	1,200.00	1,700.00	
仓储费	1,600.00	1,600.00	1,600.00	
故障维修成本	2,100.00	1,800.00	850.00	

	中国 （集装箱）	东欧 （集装箱）	西欧 （集装箱）	美国 （每个）
环境附加费			500.00	
环境附加费			750.00	
集装箱价格	58,860.00	80,775.00	105,400.00	
单价（集装箱）	58.86	80.775	105.40	126.23

采购方需要寻找供应商，并确定筛选供应商过程中重要的标准。不同国家在制造业的监管方式和流程方面都有显著的差异。此外，支付给供应商的初始价格差异很大。采购者必须在不忽略任何重要成本因素的情况下开发这类模型，然后选择合适的供应商。在制定和评估总持有成本模型时，应考虑以下几个问题。

1. 所有相关的成本要素都包括在内了吗？

2. 是否需要考虑可能会发生变化并对总成本（即质量或运输）产生重大影响的因素？

3. 每个地点是否有其他需要考虑的风险因素？

4. 有没有可能与任何一家潜在的供应商就价格进行谈判？

5. 是否有办法降低可能会改变总成本的成本要素？

6. 什么对采购方有利，如在社会、经济和环境方面？

7. 制定和评估过程中的哪些方面有商业意义？

8. 该如何制定和评估总持有成本模型？

总持有成本模型是国际采购决策的有力工具。然而，总持有成本模型只是一种整体的呈现方式。它只代表在它被开发出来的那一天的成本。

市场等各个方面都会产生波动。所以找出这种波动对与特定供应商的业务关系的影响，通常是很难的。

供应链风险与中断管理

管理全球供应链是很困难的。然而，采购方的目标就是确保用高效且有效的方式，不间断地实现供应。供应中断通常很难被预测，但认识不同类型的风险可能有助于更好地管理潜在的中断风险。前几节讨论了一些潜在的风险，如货币风险、仅与较少的供应商合作或供应基础过度合理化的风险等。然而，在全球环境中对国家和供应商进行分析时，还要考虑许多其他方面的风险。除了所有权的总持有成本模型外，许多企业还开发了一个风险评估模型，该模型对不同类别的风险进行评级和加权。下面列出了一些模型中可能包含的风险因素。这些因素也可以像前面讨论的计分卡那样进行加权。定期进行全面的风险评估，可以帮助采购者管理与全球采购相关的所有潜在风险。

虽然以下列出的并不是全部，但供应管理人员可以参考这些因素，评估并降低风险。整本书都在讨论风险问题，因为采购者的主要目标之一就是尽量降低风险。

回想一下在其他章节使用的一些工具，如波特五力模型，其有助于思考风险的许多类别。未合理进行支出分析，未找到适合供应商的工具，以及全球采购的许多其他因素，都可能会放大风险。以下是采购人员在全球采购市场中需要评估的一些方面。

市场风险

1. 争夺相同商品和服务的买家数量。

2. 缩短产品生命周期。

3. 新兴技术。

4. 商业机密和知识产权保护。

5. 供应商竞争力与实力。

6. 品牌和声誉风险。

政治风险

1. 国家稳定。

2. 地区稳定。

3. 政治和政府稳定。

合同相关的法律和差异

知识产权。

金融风险

1. 供应商的财务稳定性和未来的生存能力。

2. 技术、产能和供应商方面的投资。

3. 货币兑换。

4. 合同的合规性。

5. 关税。

6. 税务。

7. 存货持有成本。

运营或采购风险

供应链长度。

技术风险

1. 质量风险。

2. 材料风险。

3. 社会、道德和环境风险。

4. 供应商劳动力供应中断。

5. 自然灾害风险。

6. 不合规风险。

7. 沟通风险。

在全球采购的环境中，供应管理人员需要与供应商密切合作，以节约成本，减少供应中断，最小化风险，并向客户提供创新和价值。制订和实施应对风险的计划要比试图从中断或灾难中恢复有效得多。有一些方法可以帮助降低风险，如多国采购、使用知识丰富的中介以及使用第三方（如邓白氏）收集和报告相关信息。通过情景分析和头脑风暴，来识别潜在的风险，并考虑这些风险发生的可能性，供应管理人员可以更好地管理风险问题。

供应商合同的合规性

在管理全球供应商的合同合规性和绩效方面存在许多困难和陷阱。企业往往会做出高风险的交易，而且往往会做出无法兑现的承诺。在签订合同时，企业可能没有充分阅读或理解合同正文中包含的多个条款。出现很多条款的部分原因是，如果供应商位于一个不容易参访的地方，那么就要在合同中添加所有可以想得到的限制条件。正如前面所讨论的一个案例，与供应商签订的一个呼叫中心服务的合同，就有200多页！

采购者往往认为合同只要满足一个市场的条件，那么在其他所有市场中也会适用，但他们并没有意识到文化和法律上的差异。在全球环境下，采购者必须考虑对供应商的持续承诺和关系管理。通常采购者会用合同条款来取代关系管理。一些企业关注"预防性契约"，这需要在契约准备方面花费更多的时间。合同中还必须包括一定的灵活性条款，可能会与市场价格波动或生产计划的变化有关。波动的市场（如钢铁市场）包括这些价格波动的变化。由于燃料价格变化无常，任何间接或直接相关的东西（如运输）都应该在合同中涉及波动性条款。

合同法中的共识是，避免陷入困境的成本通常低于为摆脱困境而付出的成本。采购者需要提前花时间讨论期望，定义使用的语言和术语，并确保在合同中说明可能会出现的突发事项。采购者必须了解商业交易中的潜在法律问题，还必须每天管理合同和协议，这可能需要不同的技能。

小结

本章的目标是对全球采购进行概述，并指出全球采购和国内采购的一些差异。其主要区别在于风险、成本和合同管理。本章的一个要点是让采购者意识到全球采购的挑战；第二个要点是识别并管理成本；还有关于降低风险和国家分析的讨论。

其他关键主题如下。

- 了解全球采购和国内采购之间的一些细微差别。

- 具备描述和定义全球采购的关键要素、风险和收益的能力。

- 在评估整个产品和服务生命周期的位置决策时，需要使用哪些定性和定量数据。

- 在建立总持有成本模型时应考虑潜在的供应中断问题。

- 了解全球采购中固有的地理风险和采购风险，以及如何降低供应链风险和解决供应中断问题。

- 识别并认识在管理全球供应商的合同合规性和绩效方面的挑战和陷阱。

尾注

[1] U.S. Department of Commerce, Bureau of Labor Statistics, International Transactions.

[2] Tate, Ellram, Schonherr, Petersen (Forthcoming). Manufacturing location decisions. *Business Horizons*.

[3] P WC (2010). "Why Global Sourcing? Why now? Creating Competitive Advantage in Today's Volatile Marketplace." Advisory Services.

[4] Mukherji, P. (2013). "Trends likely to Impact Global Sourcing in 2013." Globalization.

[5] Tate, et al. *Journal of Service Research*.

[6] Ellram, Tate, Feitzinger (2013). Factor Market Rivalry. *Journal of Supply Chain Management*.

[7] Ibendahl, G. (2012). "Seasonality of Diesal Fuel Prices." *Journal of ASFRMA*.

[8] World Business Culture (2013). Business Culture on the World Stage.

[9] World Business Culture (2013). Women in Business in Saudi Arabia.

[10] Electronic Industry Citizenship Coalition (EICC) (2013). Code of Conduct.

[11] Dunn and Bradstreet (2013). Country Risk Indicator: Risk Services.

06

评估供应管理的内部绩效和外部绩效

本章的目的是说明供应链内部和外部的绩效评估方法。阅读本章之后，企业可以了解评估的作用、不同类型的评估方式以及与绩效评估相关的各种权衡。理解如何开发正确的评估标准来驱动正确的行为，以显示使用数据管理供应过程的价值，这有助于得到更好的量化结果。

学习目标

完成本章的学习后，你应该能够：

- 了解建立定量采购目标和评估关键绩效指标的作用；

- 制定综合绩效指标，评估企业其他方面的采购绩效；

- 了解不同类别的供应管理绩效评估方法和关键绩效指标；

- 描述用于采购的各种绩效监控和改进选项，如计分卡、仪表板和异常管理技术。

供应管理的评估

采购是企业战略和业务成功的主要贡献者。企业战略和职能战略应该保持一致，采购通过实现特定的目标和有效地管理供应商群体，为内部和外部客户创造价值，从而直接为企业战略做出贡献。

彼得·德鲁克（Peter Drucker）有句名言："如果你无法有效地评估某件事，你就无法管理它。"这也适用于复杂的采购和供应管理领域，这意味着所有的过程，包括战略采购、谈判、成本削减、客户和供应商管理，都必须根据目标、基准或在指定的范围内进行评估。通过评估价值贡献和评估结果，企业可以采取适当的措施来激励、奖励或培养员工。

采购者必须确保所做的贡献能够影响企业的顶层和底层，并有助于实现企业的战略目标。通常，建立绩效评估机制会导致产生错误的行为，并将焦点从战略结盟转移到职能或个人成就上。难点不仅是确定评估什么、如何实现以及如何确保合规性。采购者需要一种方式来解释这些措施，并根据结果采取有利于企业的行动。

评估的作用

在当今的竞争环境中，任何企业的成功都取决于供应商群体的能力，以及采购者有效利用这些能力并管理供应商群体的能力。正如前面所讨论的，企业的大多数非战略性活动和制造业务都是外包的，这使得企业需要依赖供应商群体来为产品提供关键的输入。供应商群体也代表了一个收集新技术和其他创新信息的机会。如前几章所述，用于采购商品和服务的收入比例会继续增加。

考虑到供应商群体对竞争成功的重要性，企业需要建立适当的评估标准，来评估采购职能和供应商群体的绩效。战略指标和运营指标是有效管理职能绩效和贡献所必需的。评估和目标有助于企业将注意力集中在对实现企业目标最重要的活动上。

评估和目标还必须与各种业务单元、各种企业职能保持一致。这些联合的评估标准对于指示优先级、提供动力和跟踪进度是必要的。采购的大部分工作是在跨职能团队中进行的。较好的评估方式可以帮助采购将注意力集中在业务单元和地理位置上。采购必须清晰、可靠、有效地传达其对企业整体业务成功的贡献。

权衡分析

绩效评估的关键问题之一是，它们往往会促进符合个人利益的行为，而非符合集体利益的行为。此外，企业战略和职能目标之间的评估可能会出现不一致的情况。绩效评估必须与企业目标保持一致，同时也要与不同业务单元和职能的目标保持一致。目标是正确行为的驱动力。长期以来，采购都被认为仅关注定价，而完全无视其他部门的目标。采购会进行大批量购买，从而获得低价，却不会考虑是否会影响最终库存，或者如果这些库存产品过时了会发生什么。当采购行为不符合企业的利益时，库存和SKU都会增加。

举例说明：与企业目标不一致的评估指标

某个采购代理正在为公共汽车公司采购车轴。公共汽车公司的使命是不惜一切代价保证安全。它主要负责将乘客按时并安全地送到目的地。采购代理接到了国外一家新车轴制造商的电话。这家制造商的报价比其他制造商都低得多。在考虑了与这个新的（未经测试的）供应商做生意的总成本后，采购代理决定冒险一试，并期待积极的绩效评估。车轴到了，安装好了。六个月后，一辆公共汽车翻车，造成多人受伤。经检查，车轴出现了开裂。这个故事的寓意是，通常在短期

内节省下来的一美元，从长远来看，会使企业额外付出很多成本，尤其是在评估指标与企业目标不一致的情况下。

为了克服绩效评估系统中固有的一些问题，许多企业开发了适用于整个企业的联合目标和绩效评估方法。例如，成本节约目标通常必须与其他业务部门或职能部门一起确定。然后，采购负责实现这些成本节约目标。

新产品的发布对企业来说是具有挑战性的，因为它们很难管理并跨越许多部门。其中一项指标与新产品是否及时发布有关，这将迫使所有不同的职能部门一起工作，并分配资源辅助新产品的发布。每个职能部门都要将这些指标纳入个人绩效指标中。以下是一些评估是否准时推出新产品的关键指标。

1. 上一年度推出的产品的销售百分比。

2. 产品上市时间（天数）。

3. 按预算投放的产品。

4. 按时投放的产品。

5. 新产品研发成本占比。

在供应链中，存在许多性能上的权衡。平衡这些方面需要各职能部门齐心协力，将重点放在供应链的优化上，而不是某个特定职能的优化上。这说起来容易，实施起来难。权衡通常需要围绕成本、服务和质量进行。然而，由于监管要求越来越严，全球变暖也越来越严重，还有一种权衡——碳排放需要被纳入清单，这也是本书一直在讨论的。

企业需要在环境标准较低的国家实施长途空运、小批量生产、准时化生产和能源密集型生产等战略，从而获得竞争优势并满足客户日益增长的需求。这些战略的重点通常是优化整个企业或者优化供应链效率。正如"战略成本管理"部分所述，库存水平和库存成本的问题被推给了供应商，企业很少或根本没有考虑这些问题对供应链的影响。牛鞭效应也有类似的影响。糟糕的计划和糟糕的客户关系在上游供应链中会产生额外的成本。

将碳排放也纳入服务和交易的权衡中，意味着企业必须重新思考供应商群体的地理位置、运输方式、制造过程等。最终的目标应该是优化供应链产品、流程、信息和现金流，同时对成本、质量、服务和碳排放这四项进行权衡。而这种权衡需要随着不断变化的法规和客户需求进行迭代，这也意味着权衡这些方面将变得更加复杂。

优化需要进行整体分析。权衡应该根据它们之间的关系以及对绩效目标的影响来进行。有许多方法可以同时改善成本、碳排放和其他性能指标。图6-1展示了不同选择方式下的权衡模型。

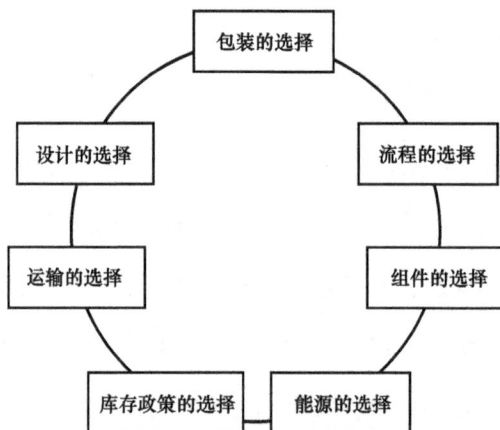

图 6-1　提升绩效的权衡选择

在每种选择中，你可以评估许多影响成本、质量、服务和碳排放的权衡问题。再次强调，关键是要从整体上看待这个问题，并尝试理解每一种变化对供应链的影响，以及如何管理这些权衡。以下是帮助完成绩效的各个权衡选择的具体说明。

1. 设计的选择。在设计产品时必须考虑多种方案。整个产品开发团队需要意识到设计决策对供应链优化的影响。企业需要考虑产品材料的选择、耐用性和可升级性等因素。包装和运输问题应该是最初设计时需要考虑的一部分，而不是事后才考虑。监管机构正在实施许多与"召回"相关的法律，因此考虑产品拆卸的便利性、可回收性和可处置性是很重要的。甚至产品开发的过程也可以转变为虚拟的模式，以减少活动范围。

2. 包装的选择。包装垃圾是一个世界性的问题，各企业也正在制定目标，以消除或减少生产过程中产生的垃圾。所以企业应考虑诸如包装尺寸、包装材料、包装材料的重复使用和回收利用，可以思考一些新的运输方式，从而可以节省包装，并减少装配说明、使用手册这类也很浪费材料的文件。图 6-2 是说明包装垃圾问题的例证之一。

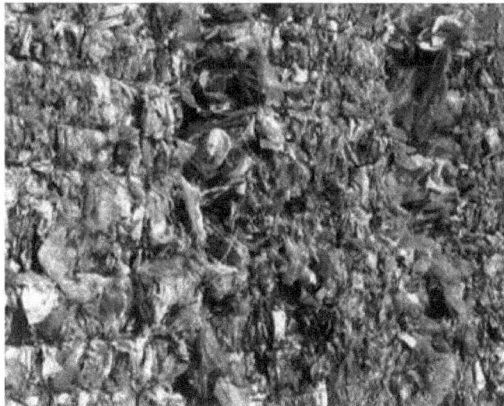

图 6-2　包装垃圾

3. 流程的选择。流程的选择主要关注计划、采购、制造和交付产品给客户的过程。这包括订单履行、制造、运输、质量控制、需求和供应计划。流程在很大程度上是跨职能的，因此决策和衡量来自企业的不同部门。

4. 组件的选择。构成产品的各个组件主要由采购部门管理，但需要从企业的其他部门获取信息。例如，供应商的位置是一个关键的决策因素，通常很容易找到较低的供应商价格，但企业需要为此付出的成本是什么？供应商的地理位置也会影响运输、库存和产品的可用性。采购可以考虑用不同的材料或使用不同的工艺制成的替代组件。在某些方面，将产品或组件带回企业内部有助于更好地管理成本。供应商群体的优化和合理化（前面讨论过这一部分）是改善成本、质量、服务和碳排放的另一种方法。

5. 能源的选择。能源包括以化石燃料（如石油和天然气）为基础的替代能源、可再生能源（如太阳能和风能），以及其他能源（如核能和地热能）。企业需要寻找这些替代能源，并努力减少化石燃料的使用。企业还应该寻找那些致力于减少化石燃料的使用并减少能源的供应商。在过去 10 年的时间里，英国石油公司在替代燃料的使用上投资了 80 亿美元。西门子（Siemens）是一个获过奖项的可再生能源企业和开发者，专注于风能、分布式和混合能源、水能、太阳能和生物质能源。

6. 库存政策的选择。物流供应商、营销人员和采购专业人员长期以来在库存政策上存在分歧。企业需要考虑与安全库存、批次大小和规划频率有关的政策。规划范围和变更政策对库存水平有重要的影响。供应商和客户的补充计划也应该是权衡评估的一部分。

7. 运输的选择。运输对成本、质量、服务和碳排放有很大的影响。如图 6-3 所示，运输行业的温室气体排放总量占美国温室气体排放总量的 28%，是仅次于电力行业的第二大排放源。如果将这个问题扩大到全球范围，那么这个问题的影响会更大。配送中心的地理位置和获取所需产品的方式也会对温室气体排放产生影响。装运频率、分批装运、装载合并和路线也可能会是一个问题。

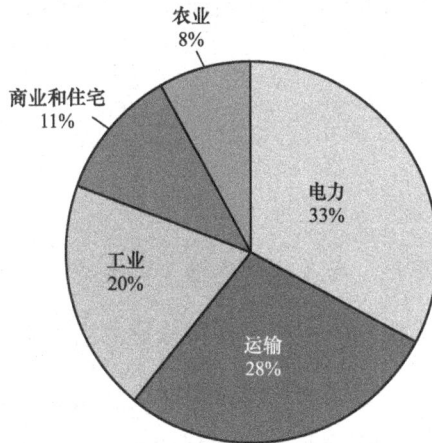

图 6-3　美国各行业的温室气体排放总量（2011 年）

　　显然，在试图平衡成本、质量、服务和碳排放等指标时，企业必须权衡考虑很多方面。企业必须从供应链整体角度进行考虑，并从整体层面去思考奖励的机制，以及需要制定的指标，并考虑这样的机制可能带来的结果。企业需要建立适当的目标，这些目标需要与各部门的目标一致。企业所面临的挑战是找到一种混合的绩效评估方法，将不同职能的目标结合起来。

评估指标的类型

　　许多不同类型的评估指标已应用于供应管理领域。这些评估指标主要分为效率指标和效果指标两个类别。这些指标都将采购的重点集中在满足企业的目标、业务单元的目标和其他职能或部门的目标上。下面会分别讨论这些指标以及具体的综合措施。绩效评估的难点，就在于它不是一个放之四海而皆准的过程。评估采购职责的战术方面相对比较简单。然而，评估采购与其他职能或团队的参与度是很难实现并进行管理的。

效率指标

效率的评估标准是"做正确的事情"。行政成本是评估采购效率的基础。这类评估与采购部门在根据预算执行的活动中的表现有关。如果采购成本在预算之内，采购部门的效率就会超出预期。这类评估通常与价格和部门运作效率有关。将这些计算结果与以前类似时期的数字进行比较，有助于评估供应职能的效率。这里的绩效评估包括材料价格降低的程度、运营成本和订单处理时间。采购价格差异在前面的章节讨论过，这是一个典型的采购效率指标。

效果指标

效果指标也与"做正确的事情"有关。由于价格的市场波动和库存的季节性变化，效果的评估更具挑战性。效果指标主要评估某件事情做得有多好。这些指标包括评估终端用户的满意度、利润、收入增长的幅度或资产管理的直接和间接贡献。这些指标还可能包括供应商关系的质量或内部客户满意度。

采购职能

采购绩效可以根据采购的职能需求来衡量。采购的主要职能是在有需求的时间段内以尽可能低的成本提供合适的项目。由于很多因素（如供应商稳定性、材料质量问题和供应商折扣等）没有被考虑在内，这是一个很难实现的指标。

评估系统及架构

有很多研究试图找出理想的评估系统。许多框架（如平衡计分卡）已经被提出并使用了较长的时间。理想的评估系统中，一些基本准则如下。

1. 支持企业的运营目标、关键成功因素以及项目。

2. 提供一套尽可能简单的措施。

3. 揭示如何有效地满足客户的需求和期望。

4. 允许企业各个部门的成员了解他们的决策和活动是如何影响整个业务的。

5. 支持企业学习和持续改进。

6. 提供不同企业可以通用的措施，从而保证目标和行动一致。

指标应以行动为导向并且具有及时性。还应根据适当的级别调整评估指标。在企业的较低级别中，指标需要有助于产生即时的、可操作的解决办法。在中级管理层，指标应该有助于运营过程或焦点的变化。对于高级管理层而言，指标需要能反映为实现目标而做出的战略改变。

许多企业在评估过程中想找到既全面又有意义的指标。一种方法是开发一个计分卡来评估对企业、战略业务单元和其他职能部门以及采购非常重要的领域。这种计分卡包含的类别分为定量的和定性的，并且各个类别包含许多单独的指标。这种计分卡包含的一些主要类别如表 6-1 所示。

表 6-1　用来评估采购绩效的计分卡包含的主要类别

计分卡包含的主要类别	描述
股东价值提升	以财务为导向的度量方法，关注企业的顶层和底层
作为业务伙伴进行采购	与内部客户合作以满足他们的需求
采购的生产力	效率指标、交付、库存和质量。这包括关键策略的执行和持续改进
人才管理	与人相关的措施：是否正在招聘和发展员工，员工满意吗

其他一些指标能将供应商整合到企业和供应链中。其中一个指标是供应商的相对价值指数，它包括支付给供应商的金额、质量成本、灵活性成本和风险成本。这比较了支付给供应商的金额和供应商对业务的影响。

各企业还制定了政策，以确定采购的真正价值。在大多数情况下，这些都与成本节约有关。然而，成本节约必须被企业内的其他人认为是有效且可信的。换句话说，采购必须采取一些措施，以减少开支或节约成本。

综合评估采购绩效的指标

综合评估采购绩效的指标包括以下这些。

1. 净资产收益率（Return On Net Assets，RONA）。净资产收益率考虑固定资产（如房地产和机械器材）和净营运资本（如流动资产和流动负债）。RONA 越高，企业业绩越好。企业的大多数职能都会影响计算 RONA 时所考虑的因素。为了提高 RONA，企业需要定期引入满足客户对特性和价格的需求的新产品。现有产品的成本也需要降低，同时保持利润率。还有一部分内容是管理净资产。为了利用改进的 RONA 来进行采购，各业务部门必须一起建立成本节约目标。

2. 总持有成本。总持有成本已经在前面的许多章节讨论过。一些企业会跟踪各个成本组成，其中包括从产品的原材料一直到最后零售门店的成本，还包括在强制召回或处置的情况下产品的逆向回流。但是，使用总持有成本作为业绩评估指标涉及许多资源和投入，因此应仔细考虑各个组成部分对总持有成本的重要性。

跟踪在总持有成本中占比较小的成本因素是可以的，但更重要的是，企业需要很好地理解在总持有成本中占比较大的因素是哪些。另外，如果想比较不同时间点的成本情况，需要控制变量，保证进行比较的因素是相同或类似的。总持有成本是一种综合的评估方法，在确定供应来源以及评估和管理业绩时都可以使用它。

3. 技术和创新。这可能包括供应商的新技术，以及供应商对产品和工艺改进的建议。在这一类别中，供应商每年在研发上的支出以及申请和颁发的专利数量也是一个需要考虑的问题。这还可能包括提高采购部门效率的技术：EDI、电子采购系统、供应商管理库存和其他技术创新过程。

4. 可用性指标。不仅包括订单的时间和数量，还包括库存的可用性。当库存成为各个职能需要度量的一种指标时，员工就不太可能有机会为了自己的最佳利益工作。

5. 质量指标。包括定量的质量指标、用户调查和供应商质量认证计划。这对于许多方面来说都是一个很好的评估标准。例如，采购就是要找到合适的供应商，工程则是设计一个产品并达到合适的质量水平。

6. 客户满意度指标。采购的内部客户很重要。这些客户服务指标包括合同执行时间、客户满意度、合同流程满意度、采购和客户沟通、响应和合作、采购知识和能力、整个采购团队的绩效，以及内部和外部客户满意度调查结果。

以下是用于评估采购绩效的许多指标的汇总。与前文一样，这里列出的并不是全部，但是包括了许多常见的指标。

1. 市场价格趋势与支付给供应商的价格的比较。

2. 成本和价格差异。

目标价格措施、成本降低措施、成本规避。

3. 运输成本。

4. 与实际相比，预期的交货时间和交货期。

（1）按时交货（供应商交货表现）。

（2）完整交付。

5. 库存措施。

（1）库存采购价格。

（2）存货投资变化、存货周转率。

（3）库存的保留和报废成本。

（4）计划库存与实际库存的对比。

（5）填充率、库存准确性。

6. 品质。

（1）每百万零件不合格数。

（2）不合格产品的百分比和数量。

（3）客户质量事故。

（4）因质量问题向供应商追讨金钱。

（5）不合格产品的影响和成本。

（6）质量体系改进。

7. 改变订单处理。

8. 采购订单下达。

9. 员工工作量和生产力。

10. 采购订单的平均成本。

11. 运营成本占采购总额的百分比。

12. 运营成本占总销售额的百分比。

13. 部门实际运营成本与预算的比较。

14. 获得现金折扣和损失现金折扣。

15. 内部客户满意度。

16. 可能影响供应的关键供应商问题。

传统的评估方法和评估系统存在许多共同的问题。其中一个重要的问题是，目标的年度分配往往会阻碍持续改进过程。许多评估指标也易于开发和管理，但是它们不会导致实际的流程改进。例如，评估发出的采购订单的数量。这类指标对小订单和更频繁的交货等行为有利。另一个问题是，这类指标往往会产生相互冲突的结果，因为它们在整个企业中是不一致的。现有的许多措施是战术性的，而非战略性的。

小结

许多企业已经把它们的焦点从劳动时间和采购价格的差异转移到更综合的指标上，如以下这些。

- 成本的降低。

- 总成本。

- 交货期。

- 质量。

- 库存。

- 订单交付时间。

- 客户需求的响应。

供应管理专业人员关注的指标主要分为八类。

- 供应对创新的贡献。

- 供应的盈亏影响。

- 风险缓解。

- 收入贡献。

- 增长。

- 预测指标的准确性。

- 培训的专业性和有效性等"软性"技能。

- 供应管理能力和技能。

绩效评估必须满足高管、业务部门和其他职能部门的需要，同时也要满足个人的需求。明确评估标准是至关重要的，然而，管理重要的评估标准更加重要。图 6-4 说明了开发相关采购绩效指标的流程。

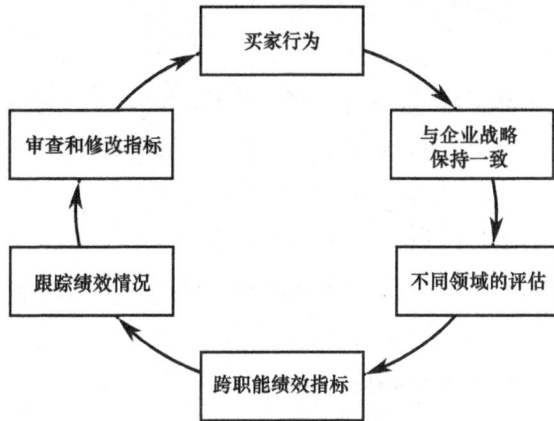

图 6-4　开发相关采购绩效指标的流程

　　本章的目标是了解供应链内部和外部的绩效评估和供应管理运作。本章讨论了指标的作用、不同类型的指标以及与绩效指标相关的各种权衡。主要的结论是，驱动适当行为的综合指标是很有效的。企业必须开发正确的指标，并以合理的方式管理这些指标。企业需要确定定性和定量的指标。

　　总之，当供应管理人员试图改善企业的财务和市场状况时，他们应该考虑开发一些与绩效评估相关的技能和能力。这些技能和能力包括以下这些。

- 了解制定可量化的采购目标以及关键绩效指标的方法的好处。
- 制定综合绩效指标，评估企业其他领域的采购绩效。
- 了解不同类别的供应管理绩效评估和关键绩效指标。
- 将计分卡应用于供应管理。

尾注

[1] ESResearch (2008). Enabling Analysis.

[2] McKenzie, G. (2013). "If you can't measure it, you can't improve it".

[3] Monczka, et al. (2011), ibid.

[4] AFMA (2004). "Key Performance Indicators".

[5] Butner, K., Gueder, D., Hittner, J. (2008). "IBM, Mastering carbon management. Balancing tradeoffs to optimize supply chain efficiencies".

[6] Ibid.

[7] IBM Research and Institute for Business Value.

[8] Green Print Survival. "Waste Management—Top Down Approach".

[9] EIONet. "What is waste?".

[10] Alternative Energy. Alternative Energy News.

[11] BP. Alternative Energy.

[12] Siemans. Siemans Renewable Energy.

[13] EPA (2011). Sources of Green House Gas Emissions.

[14] EPA, ibid.

[15] Monzcka, et al (2011).

[16] Chaffey, D. (2011). "What is the difference between efficiency and effectiveness measures?".

[17] Murray, M. (2013). "Measuring Purchasing Performance." Logistics/Supply Chain.

[18] Chaffey, D. (2011), ibid.

[19] Murray (2013), ibid.

[20] Investopedia. (2013). Return on Net Assets (RONA).

[21] Business Dictionary. Total Cost of Ownership.

[22] Raedels, A., Buddress, L. (1998). "What Is Purchasing Success and How Do We Know If We Did It? ISM 83rd Annual International Conference Proceedings".

[23] Raedels and Buddress (1998), ibid.

[24] Fearon, H.E., Bales, W.A. (1997). "Measures of Purchasing Effectiveness," Tempe, AZ: Center for Advanced Purchasing Studies.

07

结论和供应管理的趋势

供应和供应链管理领域已经发生了巨大的变化。本书的目标是概述采购的职能，以及它在企业内部和外部扮演的角色。此外，本书还介绍了一些基本工具和技术，以有效和高效的方式促进产品和服务的不间断流动。供应管理人员的一个关键目标是帮助企业降低风险，并确保以正确的价格、地点、时间和条件来采购产品和服务。最后一章讨论了贯穿全书的一些关键主题，展望了供应管理的未来，并重点介绍了成功所需的基本技能。

学习目标

完成本章的学习后，你应该能够：

- 确定供应管理领域的一些主要趋势；
- 了解成为一名成功的供应管理人员需要具备的技能。

结 论

本书的每一章都有很多需要采购者注意的想法。这些想法可以帮助供应管理人员获得成功，并成为更好的跨职能团队成员。供应管理人员对企业成功的贡献是巨大的。本节讨论每章的一些关键概念，然后简单介绍了一些跨多个章节的综合概念。

01　采购和供应管理中的基本概念

第 1 章介绍了采购和供应管理中的基本概念，并说明了这一职能是如何从一个以交易为导向的职能转变为一个战略贡献职能的。这种定位的转变使采购职能能够同时影响企业的顶层和底层。

全球化已成为企业改善内部流程（如供应管理）的主要动力之一。想要成功，不能再只关注"最低价格"问题，而是要实现客户的整体价值。技术在连接供应链的各个成员方面发挥了重要作用，在合适的时间、地点，将低成本、高质量的产品提供给客户。

第1章的另一个关键观点是，通过与供应商合作，采购可以提高质量、增加创新并缩短产品上市的时间，为企业增加价值。采购具有很多让成本降低的机会。此外，企业现在可以在战略上采取更全面的方法来管理供应商群体和成本。采购者现在看到的是与供应商做生意的总成本和生命周期成本，而不只是降低采购价格。

采购在不同的业务单元中也有许多相互作用。第1章还讨论了一些关键相互作用，以及在需要配合的不同职能间进行的不同活动。

本章还概述了采购过程的基本步骤。第一次介绍了卡拉杰克矩阵，该矩阵是一种能有效且高效地推进采购过程的方法。本章还提到了买方的战略和战术角色，这为后面的各章奠定了基础。

02　供应管理的关键要素和流程以及它们之间的相互作用

第2章介绍了商品战略的概念和供应管理过程。采购的一个重要职责是执行采购战略，以使企业避免运营、财务和声誉风险。这一章讨论了许多主要的供应链运营风险。

降低这些风险并推进外包过程的关键第一步，是了解企业有什么、需要什么,以及外部市场上正在发生什么。首先,采购者需要对花费和需求进行评估。这就引入了利用电子采购工具简化"采购到支付"过程的思想。

本章还介绍了波特五力模型,这是一种评估市场状况的方法,也是一种企业在支出和市场分析中收集数据的方法。本章重新介绍了卡拉杰克矩阵,并对这种市场分析工具进行了更深入的讨论。

供应商分析着眼于现有的和潜在的供应商,可以通过计分卡或排名系统来进行分析。常见的供应商分析系统是加权计分卡,可以确保挑选出的供应商能满足企业的战略需求。

这一章最后讨论了改进合同管理的必要性。供应管理人员必须做好准备并进行谈判,然后签订合同。这些合同需要符合采购企业的利益。进行合同管理时必须考虑供应商的发展和成长。一般来说,更好的合同管理是必要的,供应管理人员需要以一种更好的方式管理合同。

03 建立高效、有效且可持续的供应管理运作的原则和战略

第3章结合卡拉杰克矩阵,介绍了供应管理的原则和战略。本章发现分割和分类过程有助于理解如何管理提供特定商品和服务的供应商。本章介绍了建立一个高效的跨职能团队的重要性,供应管理人员需要培养在团队中与内部客户合作并与供应商协调的关系技能。

主要的采购策略,如合理化并优化供应商群体、内包、外包、离岸、重新上岸和近岸,都是比较流行的一些策略。本章介绍的主要概念和关键策略之一是供应链成本管理。归根结底,在复杂且不断变化的供应链

中管理成本是一项挑战，因此，本章介绍了一些战略成本管理工具。本章也提到了其他一些有助于指导决策的供应链分析工具。供应管理人员必须以适当的方式使用这些工具，以便管理整个供应链的成本。

本章另一个重要的主题是采购在可持续发展中的角色。由于不同地区的法规、习俗和客户需求不同，保持整个供应链的可持续性是极具挑战性的。这一章还介绍了成本、质量和服务的主要权衡，并添加了第四项权衡——碳排放。可持续性（包括环境、经济、社会）的重要性将继续提升，供应管理的参与是至关重要的。

04　技术在供应管理和产品流程中的关键作用

本章的重点是介绍与供应管理和流程相关的技术，为从以内部为中心的系统和软件（MRP、DRP 和 ERP）转变为以外部为中心的系统（如电子采购）奠定了基础，还提到了供应商关系管理电子采购模块的功能。本章很有趣的部分是介绍了许多变化和具有挑战性的趋势。本章还讨论了一些电子采购工具，并提到了一些可能会影响供应管理人员的未来技术趋势。

05　在全球范围内定义采购的要求和挑战

第 5 章将采购过程带到了全球范围内，比较和对比了全球采购和国内采购之间的差异。本章讨论了全球采购的优点和缺点，以及它们与供应管理人员的工作的关系，通过数据显示了从世界不同地区采购的趋势。

与全球采购相关的许多其他挑战包括文化、语言、沟通和社会习俗。

在世界各地开展业务之前，采购方必须具备文化敏锐性。本章说明了总持有成本、深入的供应商分析与评估，以及国家位置分析等因素的重要性。在全球范围内采购的总体目标是，让采购方更好地降低风险，并确保遵守签订的合同。

06 评估供应管理的内部绩效和外部绩效

本章讨论了指标和绩效评估在供应管理中的作用，介绍了供应链和供应管理的内部和外部绩效的评估方法。本章有趣的观点是理解正确类型的评估标准，如何开发驱动正确行为的评估标准，以及什么评估标准对团队和企业内部是有效的。不是评估能评估什么，而是评估需要什么。评估标准应该兼顾各个方面，从而促进有利于最终结果的行为产生。本章讨论了与绩效相关的许多权衡，以及如何开发与企业需求相结合的评估标准。

各章小结以及供应管理过程的关键概念

本书提到了一些重要的概念，贯穿了许多章节。这些关键概念对于目前和未来的供应管理人员来说都是非常重要的。

1. 风险管理。全面的风险管理策略有助于识别、评估和区分不同类型的风险。采购管理人员必须制订一个计划来减少或消除负面事件的影响。采购过程的各个方面都存在风险。采购者需要评估财务风险、运营风险、声誉风险和其他风险，以确保企业保持竞争优势。

2. 总成本和生命周期成本。总成本模型有助于确定与特定供应商开展业务的总成本，特别是在涉及地理位置决策的情况下。总成本模型使相关人员能够进行不同的敏感性分析，以理解假设结果。此外，它是一个跨企业的评估指标，也是一个评估采购绩效的指标。

3. 类别及矩阵组合分析。每一章都讨论了如何对服务和商品类别进行细分，从而帮助采购者以适当的方式管理供应商。卡拉杰克矩阵帮助采购者根据采购对企业的重要性以及供应商群体的复杂性和风险，将商品和服务分类。这个分类过程帮助采购者找出合适的供应商，确定供应商关系的类型，从而更好地利用商品战略、战术和措施来管理商品。

4. 整合。采购需要整合的方面有很多，部分原因是，采购是一个跨职能的过程，而且它具有跨越不同职能的边界的能力。在团队内部（其他职能、角色和业务单元）、外部（供应商和客户）、技术（附加软件、遗留系统、供应商和客户），以及绩效评估方面都有很多整合。

5. 计分卡和绩效评估。开发合适的工具来评估供应商的绩效、找到合适的供应商和评估供应管理效果是至关重要的。计分卡是一种根据重要性和与企业战略的契合程度来制定指标并评估指标的方法。

未来趋势

在企业中，采购已经从战术型转向了战略型。图 7-1 中有许多活动可以帮助实现这种转换。

这种从战术到战略的转变有助于提高企业的竞争优势，提高供应管理的可见度，并允许供应管理人员参与制定并实施可能改变业务的战略。研究人员和从业人员都在关注这些可能改变规则的趋势。下面列出了一些关键趋势，它们能让相关人员很好地了解可以"让管理者眼前一亮"

的方面。

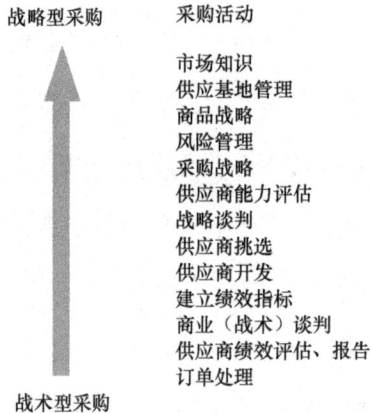

图 7-1 从战术型采购转向战略型采购

1. 供应管理人员必须制定风险管理和风险缓解的策略和工具，使企业能够避免财务、运营和声誉风险。这就要求他们提高在环境、社会和经济等可持续发展领域的参与度。

2. 供应管理人员必须发展并改进以价值为中心的采购和价值链分析。

3. 使用包括电子外包、社交网络和云服务在内的新技术，供应管理人员必须在内部和外部增加信息共享和透明度。其中包括加强供应链整合和与供应商的合作，以实现整个价值链的创新。

4. 制造方面和供应商的地理位置决策，需要供应管理人员评估内包、重新上岸和离岸的效果，并特别关注风险管理。

5. 供应管理人员必须让供应商参与成本管理活动，包括产品、过程和供应链计划。

6. 改进与其他职能、流程和客户（包括面向客户的活动）的跨职能整合过程。

7. 供应管理人员必须有效地招聘和管理人才。

必要的技能

人才管理是供应领域高管关注的重点。采购者需要在关系技能和分析技能之间进行良好的权衡。该领域所需的其他关键技能包括市场和供应流程专业知识。此外，采购者必须了解竞争性的市场结构，并应用适当的定价和成本计算模型，以便进行分析。此外，采购者还必须了解影响商品和市场的未来力量，如新兴供应市场、可持续性、潜在的新竞争者和即将进行的合并和收购。

企业必须寻找有才能、灵活、面向全球的人才，来为企业的竞争优势做出贡献。这些人必须具备跨职能和团队合作的技能、跨文化视角、创新和领导能力。

本书解决了单一学习的障碍，可帮助相关人员提高对采购在企业中的战略作用的认识。无论处于什么职位，采购都是跨职能的、涉及业务的许多领域。采购仍然有许多方法可以促进和改善供应业务。

尾注

[1] Porter's Five Forces Model is a commonly used managerial tool first introduced in Michael Porter's (1979), "How Competitive Forces Shape Strategy," *Harvard Business Review*, March/April.

[2] Anonymous. "What Is Risk Management?".

致谢

我想把这本书献给我的两个女儿，她们总是支持我所做的事情。她们帮助我思考了一些与采购和供应链管理相关的问题，这些问题是我从未考虑过的。惠特尼（Whitney）和泰勒·泰特（Tayler Tate）让我的工作变得更有趣了。我还要感谢我的直系亲属——杰夫·克劳（Jeff Crow）、布伦特·克劳（Brent Crow）、莎伦·克劳（Sharon Crow）、朱莉·巴里（Julie Barry）、布鲁克·阿诺内（Brooke Arnone）、丹尼斯·克劳（Dennis Crow）和露丝·赛克斯（Ruth Sykes）的支持，他们为这本书提供了灵感。

我还要感谢两位 MBA 研究生助理——安东尼·穆巴拉克（Anthony Mubarak）和普拉内·韦德（Prannay Ved）的辛勤工作。他们的支持也使本书的撰写得以顺利进行。

最后，我要感谢供应链管理专业协会和培生出版集团（Pearson Publishing）对这个项目以及整个供应链管理领域的支持。